Gütersloher Taschenbücher/Siebenstern 1421

»Ich habe Euch noch viel zu sagen,
aber Ihr könnt es jetzt nicht tragen«

Johannes 16, 12

»Das letzte Wort ist also nicht
gesagt worden«

Heinrich Heine, Briefe aus Helgoland

Pinchas Lapide

Warum kommt er nicht?

Jüdische Evangelienauslegung

Gütersloher Verlagshaus
Gerd Mohn

Originalausgabe

CIP-Titelaufnahme der Deutschen Bibliothek

Lapide, Pinchas:
Warum kommt er nicht?: Jüd. Evangelienauslegung / Pinchas Lapide. –
Orig.-Ausg. – Gütersloh: Gütersloher Verl.-Haus Mohn, 1988
  (Gütersloher Taschenbücher Siebenstern; 1421)
  ISBN 3-579-01421-8
NE: GT

ISBN 3-579-01421-8
© Gütersloher Verlagshaus Gerd Mohn, Gütersloh 1988

Umschlaggestaltung: Dieter Rehder, Aachen, unter Verwendung eines
Auszugs aus dem Gemälde »Verklärung Christi«
(1519–20) von Raffael (Foto: Archiv für Kunst und Geschichte, Berlin)
Gesamtherstellung: Clausen & Bosse, Leck
Printed in Germany

Inhalt

Was geschah bei der »Verklärung« auf dem »Tabor«?

Der Verklärungsgeschichte sind recht unterschiedliche Deutungen zuteil geworden. Weit verbreitet ist die Meinung, sie sei ursprünglich der Bericht einer Ostererscheinung gewesen, der mit sekundären Erweiterungen bereichert worden sei. Andere wollen in ihr eine Vorausdeutung der Parusie verstehen, während eine dritte Schule sie als Himmelfahrtserzählung auffaßt, die vielleicht die Tendenz hatte, auf die lokale Verehrung von Epiphanie-Stätten zurückzuweisen. Relativ neu hingegen ist der Versuch, sie mit dem Laubhüttenfest zu verbinden, an dem Jesus durch eine himmlische Vision über seinen messianischen Leidensweg belehrt worden sei. Und wieder andere sehen in dieser Perikope eine zweite Versuchungsgeschichte: eine Überbietung Moses und Elias durch Jesus; den Ruf zur Nachfolge; ein nächtliches Gewitter; eine Sinnestäuschung, die dem Petrus widerfahren sei, usw. usw.

Wie soll ein Jude sich in diesem Deutungswirrwarr zurechtfinden, um der richtigen Fährte folgen zu können? Wegweisung bietet ein deutscher Rabbiner, der während der sogenannten »Reichskristallpogrome« Zeit und Muße fand, um den jüdischen Jesus als lang verschollenen Bruder bei sich aufzunehmen. Sein Anliegen – Lichtjahre von den seelischen Qualen seines Alltags entfernt – war die Restaurierung des Urevangeliums, um durch die anfängliche jüdische Überlieferung zum wahren, irdischen Jesus vorzustoßen. Schicht um Schicht versuchte Rabbi Leo Baeck spätere (griechische) Ablagerungen des neutestamentlichen Textes abzutragen, denn »erst, wenn die Weise der mündlichen Überlieferung, wie sie im Judentum Palästinas damals lebte, in ihrem seelenvollen, in ihrem dichtenden Erzählen und Vernehmen verstanden ist, kann auch Zusammenhang und Zwiespalt in unseren Evangelien begriffen sein«. Und dieses Urevangelium will er heimholen in sein weltweites Judentum, das für ihn universal genug ist, um sowohl

Spinoza als auch Philo von Alexandrien, sowohl Josephus Flavius als auch Jesus von Nazareth eine geistige Heimat zu gewähren.

In einer Welt voller Haß und Feindseligkeit fand Rabbi Leo Baeck kurz vor Ausbruch des Zweiten Weltkrieges Worte, die über alle Wissenschaftlichkeit hinaus echtes Verständnis und Zuneigung für Jesus, seine Botschaft und sein Volk bekunden. Es klingt, als spräche ein Rabbi über die Jahrtausende hinweg von einem anderen Rabbi, der wie er von Liebe zu Israel bewegt und von Heidengewalt bedroht war: »Die alte Evangeliumsüberlieferung gehört in das jüdische geistige Leben und in die Art und Weise der jüdischen Tradition hinein«, so schreibt er 1938 und fährt fort: »In dem alten Evangelium, das sich derart auftut, steht mit edlen Zügen ein Mann vor uns, der während erregter, gespannter Tage im Lande der Juden lebte und half und wirkte, duldete und starb – ein Mann aus dem jüdischen Volke, auf jüdischen Wegen, im jüdischen Glauben und Hoffen, dessen Geist in der Heiligen Schrift wohnte, der in ihr dichtete und sann, weil ihm Gott gegeben hatte, zu hören und zu predigen (...) Einen Mann sehen wir vor uns, der in allen den Linien und Zeichen seines Lebens das jüdische Gepräge aufzeigt, in ihnen so eigen und so klar das Reine und Gute des Judentums offenbart (...) Die jüdische Geschichte, das jüdische Nachdenken darf an ihm nicht vorüberschreiten noch an ihm vorbei sehen (...) Wenn so diese alte Tradition vor den Blick tritt, dann wird das Evangelium, dieses jüdische, welches es ursprünglich war, zu einem Buche, einem nicht geringen, im jüdischen Schrifttum (...) Auch hier soll das Judentum sein Eigenes begreifen, um sein Eigenes wissen.« So lautet der Aufruf von Leo Baeck, der letzten bedeutenden Leuchte des deutschen Rabbinats in seinem Buch »Das Evangelium als Urkunde der jüdischen Glaubensgeschichte« (Berlin 1938).

Konkret gesprochen: Das Evangelium war zuerst und vor allem eine Urkunde jüdischen Glaubens, die von Juden für Juden über Juden niedergeschrieben worden ist. Mit anderen Worten: Juden waren seine ursprünglichen Autoren, Juden waren sein ursprüngliches Zielpublikum, und Juden sind sein hauptsächlicher Gegenstand. Wenn dem so ist – und sowohl das semitisierende Griechisch seiner Texte als auch elf Kirchenväter bezeugen es –, dann war seine Grundform von Anfang an durch hebräische und aramäische Redeweisen, jüdische Denkstrukturen und rabbinische Schriftauslegungen geprägt und gestaltet.

In der viel späteren griechischen Übersetzung ist so manches von diesem jesuanischen Urgestein mißverstanden oder umfunktioniert worden, so daß es häufig einer kritisch-jüdischen Lesart bedarf, um den ursprünglichen Text aufzudecken. Diesem Ratschlag wollen wir folgen, um zu versuchen, einen der rätselhaftesten Perikopen im Evangelium zu entschlüsseln und seinen historischen Kern herauszuschälen.

Doch zunächst zum kanonischen Text, der uns in drei synoptischen Fassungen vorliegt (Mk 9,2–8; Mt 17,1–8 und Lk 9,28–36). Nachstehend ist der überlieferte Text nach Mt 17,1–8 zitiert:

Und nach sechs Tagen nimmt Jesus den Petrus und den Jakobus und dessen Bruder Johannes mit sich und führt sie abseits auf einen hohen Berg. Und er wurde vor ihnen verwandelt, und sein Angesicht leuchtete wie die Sonne, seine Kleider aber wurden weiß wie das Licht. Und siehe, es erschienen ihnen Mose und Elia, die mit ihm redeten. Petrus aber begann und sagte zu Jesus: ›Herr, es ist gut, daß wir hier sind. Wenn du willst, werde ich hier drei Hütten bauen, dir eine und Mose eine und Elia eine.‹ Als er noch redete, siehe, da überschattete sie eine lichte Wolke, und siehe, eine Stimme aus der Wolke sprach: ›Dies ist mein geliebter Sohn, an dem ich Wohlgefallen gefunden habe; den sollt ihr hören!‹ Als die Jünger hörten, warfen sie sich auf ihr Angesicht nieder und fürchteten sich sehr. Und Jesus trat hinzu, rührte sie an und sprach: ›Stehet auf, und fürchtet euch nicht!‹ Als sie aber ihre Augen erhoben, sahen sie niemand als Jesus allein.

Nun ist unser Augenmerk auf den kanonischen Wortlaut im einzelnen zu richten. Zu Beginn dieser viele Fragen aufwerfenden Perikope heißt es: »Und nach sechs Tagen nahm Jesus den Petrus und den Jakobus und dessen Bruder Johannes und führte sie auf einen hohen Berg« (Mt 17,1). Äußerst selten finden wir im Neuen Testament genaue Zeitangaben, und wenn überhaupt, dann handelt es sich zumeist um jüdische Festtage oder deren Vorabend wie z. B. das Pessach, der Sabbath oder das Tempelweihfest (Joh 10,22). Was die Tage der Woche anbetrifft, fällt nur der »dritte Tag« bei der Hochzeit zu Kana auf (Joh 2,1) sowie »am dritten Tag« der Auferstehung (1 Kor 15,4) – und hier im vorliegenden Text die Redewendung »nach sechs Tagen«, die zunächst völlig nichtssagend anmutet. Ist doch hier weder von der Jahreszeit noch von einem Datum oder einer chronologischen Anknüpfbarkeit an vorherige Geschehnisse die Rede. Dennoch scheint diese Zeitangabe wichtig zu sein, da sowohl Matthäus (17,1) als Markus (9,2) sie wortwörtlich erwähnen.

Mit dem »dritten Tag« der Hochzeit zu Kana, wo Jesus sein erstes Wunder erwirkte, ist nichts anderes als der Dienstag gemeint, der seit uralten Zeiten als jüdischer Hochzeitstag gilt, da er deshalb den Vorzug genießt, weil es nur an ihm als drittem Schöpfungstag zweimal heißt: »Und Gott sah, daß es gut war.« (Gen 1,10 u. 12) In dieser einzigartigen Verdoppelung sahen die Rabbinen ein doppelt gutes Omen: eines für die Braut und das andere für den Bräutigam, von denen ja erwartet wird, das Schöpfungswerk Gottes durch »Fruchtbarkeit« voranzutreiben. – Ähnlich steht es mit dem Hinweis »nach sechs Tagen« als Zeitpunkt der Verklärung Jesu – einem den jüdischen Kultus betreffenden Hinweis, den der griechisch schreibende Evangelienverfasser Lukas bereits nicht mehr verstanden hat, denn er verallgemeinert ihn zu »etwa acht Tage« (Lk 9,28) – was nichts Belangvolles besagen kann. An sich weist der scheinbar lapidar angemerkte Zeithinweis auf Anhieb auf zwei Textstellen in der Hebräischen Bibel hin:

- auf den sechsten Tag der Schöpfungsgeschichte, an dem »Gott alles sah, was er geschaffen hatte, und, siehe, es war sehr gut« (Gen 1,31), was die Vollendung der Schöpfung kennzeichnet, ihre Gutheißung durch Gott und – wie wir heute sagen – ihre *»Krönung«* durch den Schöpfer selbst, der ja am sechsten Tag die ersten Menschen schuf. So ist also der sechste Tag der *Tag der Vollendung* und aus diesem Grunde später auch der *Krönungstag* der davidischen Herrscherdynastie.
- »Und am sechsten Tag (...) soll es doppelt soviel Brot vom Himmel regnen als an jedem der vorigen fünf Tage« (Ex 16,5) – so heißt es vom Manna in der Wüste Sinai, auf daß keiner der Wüstenwanderer am Sabbath sein Himmelsbrot einsammeln müsse. Es war aber auch eine Prüfung Gottes des Glaubens der Kinder Israels: Diejenigen, die Mose Vertrauen schenkten, befolgten das Gotteswort; die Kleingläubigen hingegen gingen auch am siebenten Tag, dem Sabbath, hinaus, »um zu sammeln, aber sie fanden nichts« (Ex 16,27). Der sechste Tag ist also auch ein *Tag der Fülle* und Üppigkeit (der doppelten Himmelsbrotration), der ebenso an die erste Glaubensbewährung im biblischen Israel erinnern soll.

Nach gut rabbinischer Deutungsweise müssen wir jedoch den *ganzen* Einführungssatz unserer Perikope unter die Lupe nehmen, denn vollgültige Bibelbeweise stützen sich bekanntlich auf zwei Stellen oder Wortgruppen, die gemeinsam eine spezifische Assoziation erwecken sollen.

»Und nach sechs Tagen nahm Jesus den Petrus und den Jakobus und dessen Bruder Johannes mit sich und führte sie auf einen hohen Berg.« – Warum wählt Jesus nur drei Jünger aus dem Zwölferkreis aus, um hier seine Zeugen zu sein, und warum gerade dieselben drei, die er »zu sich nahm« in Gethsemane, als er »zu trauern und zu zagen anfing« (Mt 26,37)? Auch bei der Erweckung der Tochter des Jairus lesen wir: »Und er (Jesus) ließ keinen bei sich mit nachfolgen als nur den Petrus und Jakobus und Johannes, den Bruder des Jakobus« (Mt

5,37). Der Bericht spricht nicht von »den Söhnen des Zebedäus«, die von Jesus ja schon zuvor den Beinamen »Donnerskinder« (Mk 3,17) erhalten hatten, sondern nennt sie namentlich mit demselben Respekt, den ihnen Paulus später zollt, als er sie als »die Säulen« der Urgemeinde vorstellt (Gal 2,9).

Johannes wird hier als Bruder des Jakobus vorgestellt, weil er offensichtlich in der matthäischen Gemeinde weniger bekannt war als der Märtyrer Jakobus, der ja schon im Jahre 43 als Blutzeuge starb (Apg 12,2) – geraume Zeit also, bevor das Matthäus-Evangelium endgültig redigiert worden war. Auffällig ist auf jeden Fall die *Dreizahl* der Hauptzeugen, die, wie einst Aaron und seine beiden ältesten Söhne Nadab und Abihu, Mose zum Bundesschluß auf den Sinaiberg begleiteten, wo es heißt: »Da stiegen Mose und Aaron, Nadab und Abihu (...) hinauf und sahen den Gott Israels« (Ex 24,9). Dieser Eindruck der textuellen Parallelität wird durch »den hohen Berg« verstärkt, der in beiden Fällen als *Stätte der Offenbarung* dient. Also »der hohe Berg« und »der sechste Tag« ergeben in der Heilsstenographie der Schriftgelehrten einen einzigen und unzweideutigen argumentativen Zusammenhang: das Erscheinen der Majestät Gottes und der Bundesschluß auf dem Sinai. Mit den Worten des Buches Exodus (24,16) ausgedrückt: »Als nun Mose auf den Berg kam, bedeckte die Wolke den Berg, und die Herrlichkeit des Herrn ließ sich nieder auf dem Berg Sinai, und die Wolke bedeckte ihn sechs Tage lang – und am siebenten (also: »nach sechs Tagen«) erging der Ruf des Herrn an Mose aus der Wolke, und die Herrlichkeit des Herrn war anzusehen wie ein verzehrendes Feuer.«

In allen beiden Erzählungen wird die Sabbath-Terminologie evoziert, wie jeder jüdische Leser sie von der Schöpfungserzählung her im Ohr hat. Das Zahlsymbol *Sechs* und *Sieben* erscheint im Zentrum der Aussage über das Herabsteigen der Wolke auf den Berg Sinai: Die Wolke bedeckte den Berg *sechs* Tage lang. Am *siebenten* Tag rief er mitten aus der Wolke Mose herbei. Für die Augen der Israeliten war die Gestalt der Herrlichkeit Gottes einem Feuer zu vergleichen, das den Gipfel des

Berges auffraß. Doch Mose ging mitten in die Wolke hinein und stieg auf den Berg hinauf (Ex 24,15–18). Das ist es, was am siebten Tag hier urbildlich geschieht: Da wird der Mensch ins Feuer hineingerufen, in das den Weltenberg schmelzende Licht der Gottheit. Der siebte Tag bringt die Berührung des Geschöpfs mit seinem Schöpfer. Mose muß dazu auf den Berg hinaufsteigen, zur Begegnung des Diesseits »mit dem Jenseits«, von Gott und Welt, die am siebten Tage geschieht. Das Jenseits Gottes wird sichtbar in der Wolke, die Gottes Herrlichkeit enthält.

Die Zeitangabe »nach sechs Tagen« enthält trotz ihrer Präzision eine gewisse Zweideutigkeit, weil sie nicht erkennen läßt, ob hier »nach dem Anbruch des sechsten Tages«, also »am sechsten Tag«, gemeint ist oder »nach Verlauf von sechs Tagen«, also »am siebenten Tag«. Da der Termin, von welchem an die sechs Tage zu rechnen sind, nicht mehr auszumachen ist, darf man annehmen, daß sowohl Markus als auch Matthäus eine rabbinisch geprägte Überlieferung zitieren, die sich scheute, »am siebenten Tage« zu schreiben, da dies ja die Erscheinung Gottes selbst (Ex 24,16) impliziert, während die Unschärfe von »nach sechs Tagen« der etwas minderen Dignität des »Sohnes Gottes« (Mt 3,17) entsprechen würde.

Beim Abstieg vom Berge Sinai heißt es dann: »Als nun Mose herabstieg, hatte er die zwei Tafeln der Tora in seiner Hand, und wußte nicht, daß die Haut seines Angesichts glänzte, weil er mit Gott geredet hatte (...) Da fürchteten sie sich, ihm zu nahen« (Ex 34,29 ff.). Worauf Jesus – wie Moses vor ihm (Ex 14,13 und Ex 34,31 f.) – die Seinen beruhigt: »Fürchtet euch nicht!« (Mt 17,7)

Wir haben hier vor uns eine ganze Blütenlese der Schlüsselworte auf der Sinaiperikope, die es jedem jüdischen Leser verdeutlichen soll, daß es in der »Verklärung« Jesu um eine zweite Gottesoffenbarung geht, die vom Sinai aus weiterführt und fortschreiten soll: Mose – Berg – Wolke – Feuer als Sonne – nach sechs Tagen – Himmelsstimme – und das Verbum »anzusehen«, das auf hebräisch mit dem Zeitwort »erscheinen« identisch ist.

»Sein Angesicht strahlte wie die Sonne«

Nun lesen wir weiter im nächsten Vers: »Da wurde er vor ihren Augen verwandelt, und sein Angesicht strahlte wie die Sonne; seine Gewänder aber wurden leuchtend weiß wie das Licht (nach anderer Lesart: »wie der Schnee«) (Mt 17,2). Drei Dinge hört hier jeder Jude aus dem Text heraus, wenn er, wie Jesus sagt, »Ohren hat, um es zu hören« (Mt 11,15):

- In vier Büchern der jüdischen Apokalyptiker (Dan 12,3; Apok. Bar 51,3; IV Esra 7,97; Henoch 104,2) heißt es, daß dereinst »in der Späte der Tage« die Angesichter der Gerechten erstrahlen werden in leuchtender Schönheit »wie die Sonne« oder »wie die Lichter des Himmels«.
- Vom Messias heißt es (in Pessikta Rabbati 37), daß Gott seinen Glanz vor den Völkern der Welt ausbreiten, den Gesalbten mit seinem Gewand bekleiden und ihm seine eigene Krone als König Messias aufsetzen würde.
- Bei der »Verwandlung Jesu« ist die Sache noch einfacher, da hier auf eine andere Bibelstelle angespielt wird, die einzigartig ist: an die Salbung Sauls durch den Propheten Samuel, der ihm verkündet: »Siehe, der Herr hat dich zum Fürsten über sein Erbteil gesalbt« (1 Sam 10,1), worauf es heißt: »Und der Geist des Herrn wird über dich kommen (…) da wirst du umgewandelt und ein anderer Mensch werden (…) denn Gott ist mit dir« (1 Sam 10,6f.).
  »Umwandeln« erinnert hier an »Salbung«, und das bedeutet *Messianität*. Dies hieß im alten Israel, daß die Krönung zum Herrscher, der ja seit Saul auch den Namen *Maschiach* (»der Gesalbte«) trägt, als Neugeburt durch völlige Verwandlung verstanden wurde – ein Verständnis, daß spätere Apokalyptiker und andere nach ihnen, die Evangelisten, zu weiteren phantasiereichen Ausmalungen dieser poetischen Transfiguration anfeuern mußte.

Hier sei angemerkt, daß in der Parallelstelle zu Mt 17,2 die Gewänder nicht nur »leuchtend wurden wie das Licht«, sondern

14

»leuchtend *weiß*, wie sie kein Bleicher auf Erden so *weiß* machen kann« (Mk 9,3). Für die Zeitgenossen des jüdischen Ur-Markus (nicht seines griechischen Übersetzers, dem der rabbinische Sinn für Bibel-Assoziationen bereits abging) war diese doppelte Erwähnung von *weiß* ein eindeutiger Hinweis auf das Hauptwerk jener apokalyptischen Tage im alten Israel – auf das Buch Daniel. Dort lesen wir von jener sprichwörtlich gewordenen Vision des Propheten: »Ich sah, wie dir Throne aufgestellt wurden, und einer, der uralt war, setzte sich. Sein Kleid war *weiß* wie Schnee und das Haar auf seinem Haupt rein wie Wolle« (Dan 7,9). Also: zweimal die Vokabel *weiß*, genau wie hier im Falle Jesu. So heißt es auch in der Apokalypse des Johannes vom Erlöser in betonter Verdopplung, die die Beschreibung des Danielbuches zu untermauern sucht: »Sein Haar war weiß wie weiße Wolle, wie der Schnee (…) und sein Antlitz war wie die Sonne, die da leuchtet in ihrer Kraft« (Apg 1,14 und 1,16). Von dieser Doppelfärbung war es nur ein gedanklicher Katzensprung zu Daniel 7,13, einer Textstelle, die viele Juden zu Jesus Zeiten auswendig kannten:
»Es kam einer mit den Wolken des Himmels, wie ein Menschensohn, und gelangte zu dem, der uralt war (d. h. weißhaarig) (…) der gab ihm Macht, Ehre und Reich« – mit anderen Worten: der heißersehnte Messias. Die Messianität Jesus wird hier mit allen sprachlichen Mitteln der hebräischen Insinuationslehre suggeriert – ohne bislang den Titel des »Gesalbten« namentlich zu erwähnen. Es handelt sich hier um nicht weniger als fünf Hinweise in zwei kurzen, dichten Sätzen, die trächtig sind mit Aussagekraft, sowohl hinter dem Wortlaut als auch zwischen den Zeilen.

Die Rolle von Mose und Elia

Wir kommen nun zum dritten Satz des Abschnittes: »Und siehe, es erschienen ihnen Mose und Elia im Gespräch mit ihm« (Mt 17,3). Das Erscheinen des Paares Mose und Elia, von denen jeder als einzelner Heilsbringer in den messianischen Erwartungen verschiedener Gruppen im Frühjudentum die zentrale Rolle erfüllen sollte, ist hier höchstwahrscheinlich als Doppel-Effekt beabsichtigt.

Es gab in jener Epoche auch eine weitverbreitete Messianologie, die Gott zu Mose sagen läßt: »Wenn ich den Propheten Elia senden werde, sollt ihr beide zusammen kommen« (Dtn 10,1). Was haben diese beiden Männer gemeinsam – die einzigen, die in der Hebräischen Bibel ihre Offenbarungen »auf dem Berge« empfingen?

Es sind hauptsächlich vier Dinge:

1. In Hosea 12,14 heißt es: »Hernach aber führte der Herr Israel durch einen Propheten aus Ägypten, und durch einen Propheten ließ er sie hüten.« Schon zu Makkabäerzeiten wurde der »erste Prophet« als Mose, der zweite als Elias verstanden.

2. Mose hat Israel aus Ägypten erlöst; Elia aber wird sie endgültig erlösen, wie die alte Tradition behauptet. Hierauf fußt auch die Heilserwartung, die auf Pessach konzentriert ist – das alljährliche »Fest der Erlösungen«, wie es im Talmud heißt: der einstigen und der künftigen, wobei Mose gefeiert und Elia erwartet wird. Für den letzteren wird an jedem Sedertisch bis zum heutigen Tage ein voller Weinbecher reserviert, und die Türe jedes Hauses wird während eines Teiles der Pessachliturgie geöffnet, um seine Ankunft symbolisch zu erleichtern.

3. Die Männer der Bibel, die einst »emporgerafft wurden«, die also »den Tod nicht schmeckten«, sollen bei Anbruch der Heilszeit wieder erscheinen. Hiermit ist insbesondere Elia gemeint, der ja, wie bekannt, im Feuerwagen gen Himmel fuhr (2 Kön 2,11), und Mose (Dt 34,6), dessen Seele nach der rabbinischen Überlieferung nicht dem Todesengel übergeben wurde, sondern unmittelbar durch einen Kuß emporgenommen wurde (Dt 34,5f.), wonach der Hebraismus von »Kuß-Tod« oder »Todeskuß« den schönsten Gnadentod ableitet.

4. Noch klarer ist der Zusammenhang der beiden Heilsbringer in den Schlußversen der Hebräischen Bibel zu Ende des dritten Kapitels des Maleachi, die seit frühen Makkabäerzeiten messianisch gedeutet worden sind: »Gedenket an die Tora meines Knechtes Mose, die ich ihm befohlen habe auf dem Berge Horeb für ganz Israel (...) Siehe, ich will euch senden den Propheten Elia, ehe der große und furchtgebietende Tag des Herrn kommt« (Mal 3,22 f.).

Daß Elia der Verklärung beiwohnen muß, ist, rabbinisch gesehen, selbstverständlich, da er ja der Vorläufer und Verkünder des nach ihm kommenden Erlösers sein mußte; Moses Präsenz hingegen verleiht der Messianität Jesu eine doppelte Bestätigung: sowohl als Gottes »erster Prophet« als auch als Repräsentant der Tora – der Gesetzgebung, die die Erlöserwürde Jesu nun auch religionsgesetzlich ratifizieren soll.

Die »neue Heilsordnung«, nach der Jesus den Moses überragt und ihm soteriologisch überlegen sein soll, wird hier klar angedeutet, indem Mose zu Jesus kommt – und nicht umgekehrt – und mit Elia das Gespräch mit Jesus teilen muß. Diese Präzedenz wird von Petrus sofort erkannt, indem er seinen Meister vor Mose und vor Elia erwähnt, als vom Bau der drei Hütten die Rede ist. Diesem Thema, das später erweitert und theologisch vertieft wurde, ist, wie bekannt, das dritte Kapitel des Hebräerbriefes gewidmet. Wir haben also jetzt die beiden klassischen Offenbarungsweisen Gottes, »das Gesetz und die Propheten«, hier auf dem »hohen Berge« eindeutig personifiziert: Elia als Vertreter der Prophetie der Endzeit und Mose als Vertreter der Tora (des »Gesetzes«), die beide hiermit einstimmig Jesu Heilsrolle bestätigen oder bekräftigen sollen.

Moses war der Mann, der um das Jahr 1250 vor christlicher Zeitrechnung Israel nach langer Knechtschaft in die Freiheit geführt hat, aus Ägypten über das Rote Meer in die sinaitische Einöde, wo das Volk in seiner zentralen Gottesoffenbarung die Zehn Gebote und die anderen Satzungen der Tora erhielt. Moses gilt späteren Generationen als der größte aller Propheten

und zugleich als »Mosche Rabbenu«, als »unser Lehrer Moses«, der Gottes Lehre empfängt und getreulich weitergibt.
Elia, der Prophet, führt rund 400 Jahre nach Moses den Kampf um den Glauben und den Fortbestand der göttlichen Weisung gegen die Anfechtungen falscher Künder, die dem heidnisch-kanaanäischen Baal zu Diensten sind, und gegen König Ahab von Israel, der unter dem Einfluß seiner phönizischen Gattin Isebel jüdisches Brauchtum durch phönizisches Gesetz ersetzen will. Gehetzt von den Häschern des Herrschers flieht Elia in die Wüste Sinai zum Berg Horeb und erfährt Gottes Offenbarung an jener Stelle, an der einst Moses und die aus Ägypten Befreiten ihre Offenbarung erlebt hatten.
Der Kreis schließt sich: Elia tritt in die Fußstapfen von Moses. Hat Moses die Weisung Gottes empfangen und sie im Volke verankert, so soll sein geistiger Nachfolger für diese Satzungen streiten und Israel, das von der Tora abgewichen ist, auf den rechten Weg zurückbringen. Moses stirbt auf dem Berge Nebo an der Grenze des Heiligen Landes. Er darf es nicht betreten und sieht es nur aus der Ferne. Elia fährt in einem Feuerwagen in den Himmel – doch er wird wiederkehren. So verheißt es die Schrift, und die Überlieferung der Jahrtausende bestätigt es. Maleachi greift diesen Glauben auf: Ehe der große und furchterregende Gottestag kommt, um das Jüngste Gericht zu halten, wird Elia erscheinen, um »das Herz der Väter den Kindern, und das Herz der Kinder den Vätern zuzuwenden« (Mal 3,24).
Elia rettet durch sein Tun das Volk vor dem Untergang, genauso wie Moses einst Israel durch seine Fürbitten immer wieder vor der Vernichtung gerettet hat. Auf Elia folgt der Messias aus dem Königshause David. Dieser Gesalbte herrscht in einer Zeit des ewigen Völkerfriedens und sichert das anbrechende Gottesreich. Christlicher Glaube hat an diese uralten jüdischen Hoffnungen angeknüpft, hat sie vorweggenommen und Johannes den Täufer, als Vorläufer Jesu, mit dem wiedergekehrten Elia identifiziert.
Worüber sprachen nun Moses und Elia mit Jesus auf dem

Berge? In der Parallelstelle zu Mt 17,4 lesen wir bei Lk 9,30f.: »Und siehe, zwei Männer beredeten sich mit ihm, die waren Moses und Elia (…) Die sagten seinen *Ausgang* voraus, der sich erfüllen sollte in Jerusalem.« Das Schlüsselwort *exodos* kann hier einen dreifachen Sinn haben: 1. Moses meint damit seinen Auszug aus Ägypten, als erste Heilstat Gottes an Israel. 2. Elia meint damit seine Himmelfahrt als »Ausgang« aus dieser Welt – ebenso als eine Heilstat Gottes. 3. Beide finden aber ihre »Erfüllung» (exodos), für die sie selbst als Vorausdeutung dienen, und zwar in Jesu »Heilstod« und seiner Himmelfahrt in Jerusalem, die ebenfalls mit »exodos« (exitus) bezeichnet werden kann. Diese Vieldeutigkeit konnte jedoch nur auf griechischem Sprachboden erlangt werden; dem semitischen Sprachschatz ist sie in diesem Falle fremd.

Das rätselhafte Petruswort

Daß dieses Dabeisein der drei Spitzenjünger als Huldigung verstanden wurde – nicht von Jesus selbst, der ja während der ganzen Perikope passiv bleibt –, wohl aber von den drei »Säulen« der Urgemeinde, bezeugt der nächste Satz: »Da nahm Petrus das Wort und sprach zu Jesus: ›Herr, es ist gut, daß wir hier sind‹« (Mt 17,4). Diese Reaktion des Petrus, die alle drei Synoptiker in demselben Wortlaut berichten, wurde von vielen christlichen Exegeten als »unbeholfen«, als »verworren« oder als »gänzlich rätselhaft« bezeichnet. So zum Beispiel schreibt Emmanuel Hirsch: »Ich habe mich stets der eigentümlichen Sinnlosigkeit der Petrusrede in Vers 5 verwundert« (Frühgeschichte des Evangeliums, Band I, S. 97f.). Markus hat offenbar empfunden, wie unzureichend die Feststellung »gut ist es, daß wir hier sind« angesichts der einzigartigen Erscheinung klingt, und fügt deshalb als Ehrenrettung des Petrus die folgenden Worte hinzu:
»Er wußte aber nicht, was er redete, denn sie waren bestürzt« (oder besser: in Furcht geraten) (Mk 9,6).

Im Altertum gab es zwei klassische Deutungen, die von den meisten Kirchenvätern akzeptiert worden sind: Origines meint im dritten Jahrhundert, Petrus wolle die herrliche Szene der Verklärung verlängern, da er sie als ein Angeld auf die himmlische Seligkeit empfindet. Also, im Sinne Goethes, als er sagte: »Werd' ich zum Augenblicke sagen: Verweile doch! Du bist so schön!« Johannes Chrysostomos hingegen ist der Meinung, Petrus wolle Jesus auf dem Berg zurückhalten, um zu verhindern, daß er nach Jerusalem gehe, wo er gekreuzigt werden müsse. Plausibler scheint mir eine andere Annahme, die sich auf die biblische Überlieferung stützt, dergemäß Abschnitte der Bibel, Prophetenperikopen und viele Psalmen nach ihren Anfangsworten benannt werden. So z. B. heißt Psalm 1 »Aschrei«, d. h. »Selig sei« (Vgl. in meinem Buch »Wie liebt man seine Feinde?«, Mainz 1984). Ps 137 heißt »An den Flüssen Babylons« und Ps 22 wird »Eli, Eli lama asawtani« benannt – nach seinem Anfangsvers, den auch Jesus am Kreuze sprach (Mt 27,46) (Vgl. das Kapitel »Starb Jesus in Verzweiflung?« in meinem Buch »Er wandelte nicht auf dem Meer«, GTB 1410). Ähnliches mag hier bei Petrus der Fall gewesen sein, der Psalm 133 rezitierte oder anzitierte – eine Lobpreisung, die nach ihrem ersten Vers allgemein als »Siehe, wie gut und lieblich es ist« bekannt geworden ist.

Wenn es also ursprünglich auf hebräisch und aramäisch hieß: »Petrus sagte: ›Siehe, wie gut es ist und wie lieblich‹«, so dachte der griechische Übersetzer später, es handle sich um einen verstümmelten Halbsatz, den er dann nach eigenem Gutdünken ergänzte mit dem Ergebnis: »Gut ist es für uns, hier zu sein!« Petrus jedoch, der wie alle Apostel den Großteil des Psalters auswendig kannte, rezitierte höchstwahrscheinlich den ganzen Psalm, der lediglich aus drei Versen besteht und in der jüdischen Tradition als der »Salbungspsalm« bekannt ist. Denn schon im zweiten Vers heißt es dort: »Es ist wie gutes Salböl, das auf das Haupt herabfließt und auf den Bart Aarons, das herabfließt auf den Saum seiner Gewänder.« Hier ist zwar die Rede von der Salbung des Hohenpriesters, jedoch bezog die alte Tradition dies auch auf die Könige, die ja seit den Zeiten Sauls, des ersten Königs, auch »die Gesalbten des Herrn« benannt worden sind. Und so heißt es demgemäß zweimal im Talmud: »Die Könige des davidischen Hauses salbt man (…), indem man ihnen das reine Balsamöl zuerst auf das Haupt gieße, und nachher tue man ihnen Öl zwischen die Augenbrauen« (Keritot 5b und Horajot 11b–12a).

Tabor oder der »Berg Gottes«?

Psalm 133 hilft uns auch bei der Identifizierung des Berges, wo all dies stattgefunden hat. Im Schlußteil des Psalmes lesen wir: »Wie der Tau, der vom *Hermon* herabfällt auf die Berge Zions, denn dort verheißt der Herr den Segen und das Leben bis in Ewigkeit.« Als Ort dieses Segens wurde schon zu Esras Zeiten der Zion erachtet, jedoch erlaubt die Wortfolge im dritten Psalmvers, ihn ebenso auf den Hermon zu beziehen, der aus vielen Gründen für Jesus und seine Jünger viel zugänglicher war als Jerusalem.

Obwohl von vielen Theologen der Tabor für den Berg der Verklärung gehalten wird, sprechen drei Aspekte eher zugunsten des Hermons:

1. Im Markusevangelium heißt es: »Sechs Tage später nahm Jesus den Petrus, Jakobus und Johannes mit sich und führte sie *abseits* auf einen *hohen* Berg« (Mk 9,2). Während der Tabor inmitten der fruchtbaren Kornkammer Israels, der Ebene Jesreel, liegt, befindet sich der Hermon in der Tat »abseits«, also im nordöstlichen Zipfel des Landes Israel.

2. Ferner heißt es im codex sinaiticus, einer der besten griechischen Handschriften des Neuen Testaments, an dieser Stelle »auf einen *sehr* hohen Berg«, was wohl besser zum Hermon paßt, der über 2300 Meter hoch ist, während der Tabor nur die Höhe von 600 Metern erreicht.

3. Nicht zuletzt ist die Distanz von Caesarea Philippi – die vorherige Station auf dem Wanderweg der Apostelschar, wo Pe-

trus sein Bekenntnis ablegte – nur ein paar Stunden vom Hermon entfernt, während es wenigstens zwei Tagesreisen benötigt hätte, um vom Banias zum Tabor zu gelangen.

Dieser gut begründeten Hypothese entspräche auch der historische Kern jener späteren Rückblickstelle: »Denn wir sind nicht klugen Fabeln gefolgt, als wir Euch kundgetan haben die Kraft und das Kommen unseres Herrn Jesus Christus, sondern wir haben seine Herrlichkeit selber gesehen. Denn er empfing von Gott, dem Vater, Ehre und Preis durch eine Stimme, die zu ihm kam von der großen Herrlichkeit: ›Dies ist mein lieber Sohn, an dem ich Wohlgefallen habe.‹ Und diese Stimme haben wir gehört vom Himmel kommen, als wir mit ihm waren auf *dem heiligen Berge*« (2 Petr 1,16–18). Es scheint also, daß die drei Spitzenjünger Jesus zum biblischen Berg der Salbung nahmen, um dort eine Art von Zeichenhandlung durchzuführen, die ihn, zumindestens für den innersten Kreis der »Jesuaner«, zum gesalbten Herrscher über Israel gemacht hätte. Dies gäbe den Worten des Petrus »Du bist der Christus Gottes« (Lk 9,20; Mt 16,16), also »der Gesalbte des Herrn«, eine tragbare, wenn auch noch geheimzuhaltende Grundlage, die jedoch noch nicht genügte, um ihn der breiten Volksmenge als Gesalbten vorzustellen. Dazu bedurfte es einer öffentlichen Salbung, von der noch die Rede sein wird. Daß die Wiederholung solch einer Zeremonie keineswegs als überflüssig oder als unbiblisch galt, beweist das Vorbild Davids, des Vorfahren Jesu, der nicht weniger als dreimal gesalbt worden ist (1 Sam 15,12f.; 2 Sam 2,4; 2 Sam 5,3).

Wozu »drei Hütten«?

Doch nun zurück zu Petrus auf dem Berge, den wir in seiner Rede unterbrochen haben. Wichtig ist vor allem das Symbol, das nun, im nächsten Spruch des Petrus, zu Wort kommt: »Willst du, so will ich hier drei Hütten bauen; dir eine und Mose eine und Elia eine« (Mt 17,4). Ich nehme an, daß Petrus nur eine einzige Hütte errichten wollte, während die späteren griechischen Evangelisten – aus Ehrfurcht vor Mose und Elia – zwei weitere Hütten hinzufügten, da sie nicht mehr verstanden, worum es hier eigentlich geht.

Die Hütte (skené) erinnert an die Stiftshütte (Ex 33,7–11), die als »das heilige Zelt« zur regelmäßigen Begegnungsstätte Gottes mit Mose während der Wüstenwanderung wurde. Ebenso dient sie als Hinweis auf die kommende Endzeit, in der »die Hütte Gottes bei den Menschen« sein wird, da ER dann mit ihnen »zelten werde« (Offb 21,3 ff.).

Das hebräische Wort *Sukkah* (die Laubhütte) hatte im Laufe der Jahrhunderte einen beträchtlichen Bedeutungswandel durchgemacht, bis es, wie viele andere Begriffe rein weltlicher Herkunft, mit Eschatologie durchtränkt wurde. Dieser Prozeß beginnt bei Jesaia (4,6), wo von künftigem Heil für die Gerechten in Jerusalem die Rede ist: »Dann wird der Herr über der ganzen Stätte des Berges Zion und über ihren Versammlungen eine Wolke schaffen (...) und Feuerglanz (...), ja, es wird ein Schutz sein über allem, was herrlich ist, und eine Hütte zum Schatten am Tag vor der Hitze und Zuflucht und Obdach vor dem Wetter.« Aus dieser Hütte Jesaias webt die rabbinische Literatur einen Legendenkranz, der allen Gerechten zur Endzeit eine prächtige Hütte beschert, wobei der Messias durch eine Hütte aus Perlmutt und Edelsteinen ausgezeichnet werden soll (BB 75 a; Pesikta Buber 186 a–b). Von dieser »Zuflucht in Gott«, die Errettung verspricht, bis zur Erlösung von ganz Israel ist es nur ein kleiner Schritt, da ja »Errettung« und »Erlösung« (genau wie: Wohl und Heil) durch ein und dieselbe Vokabel zum Ausdruck kommen, nämlich *Jeschuah*, die auch das Etymon des Namens Jesu (Jeschua) darstellt, wie noch aus Mt 1,21 zu entnehmen ist.

So heißt es bei Amos 9,11–12 im Namen des Herrn: »Danach will ich Gnade walten lassen und die baufällige (zerfallende) Hütte Davids wieder aufbauen und ihre Risse vermauern und, was abgebrochen ist, wieder aufrichten und will sie bauen, wie sie vor Zeiten gewesen ist«. Daß dieser Prophetenspruch zu Jesu Zeiten als die messianische Voraussage der Wiederherstellung der davidischen Theokratie gedeutet wurde, beweist u. a. der Herrenbruder Jakobus in seiner Rede vor dem Apostelkonzil (Apg 15,16f.), wo er dem Amostext zwar etwas sanfte Gewalt antut, um die Streitfrage betreffs der ersten Heidenchristen auf ökumenische Weise zu lösen, jedoch zugleich seiner Überzeugung klaren Ausdruck verleiht, daß diese Prophezeiung seit der Auferstehung Jesu in Erfüllung gegangen sei.

Die Wolke der Verklärung

Was nun folgt, ist offensichtlich für Zweifler, Zauderer oder Bibelunkundige bestimmt, die noch immer nicht verstanden haben, was die Verklärung bezweckt: »Während er noch redete, da überschattete sie eine lichte (oder: leuchtende) Wolke, und siehe, eine Stimme aus der Wolke sprach: ›dieser ist mein geliebter Sohn, an dem ich Wohlgefallen habe; auf ihn sollt ihr hören‹« (Mt 17,5). Die Himmelsstimme ist hier zweimal von einer »Wolke« umrahmt, die nicht nur an den Sinai erinnern soll, sondern an alle 40 Jahre der Wüstenwanderung, wo es heißt: »Nach dem Befehl des Herrn brachen die Israeliten auf, und nach dem Befehl des Herrn lagerten sie; so lange die Wolke ruhig über der Stiftshütte lag, so lange blieben sie gelagert (…) Wenn die Wolke einen Tag und eine Nacht blieb und sich dann erhob, so brach man auf (…) Nach dem Geheiß des Herrn blieben sie gelagert, und nach dem Geheiß des Herrn brachen sie auf« (Num 9,18–23). Die Wolke, die als Zeichen der Gegenwart Gottes während der ganzen Wüstenwanderung der Kinder Israel über der Stiftshütte lagerte, gab ihnen am Tage Schutz vor der sengenden Sonnenglut, spendete ihnen als Feuersäule bei Nacht Licht und schützte sie vor ihren Feinden. Die Israeliten mußten die Wolke beobachten und ihre Blicke auf sie richten. Senkte sie sich, so mußten sie ihr Lager aufschlagen, erhob sie sich, mußten sie das Lager abbrechen und weiterziehen. Oft haben die Kinder Israel in den 40 Jahren ihrer Wüstenwanderung gemurrt, rebelliert und sich gegen Moses empört. Aber wir lesen kein einziges Mal, daß sie sich geweigert haben, der Wolke zu folgen. Das jüdische Volk soll als Eidgenossenschaft Gottes seinen Willen erfüllen, denn das ist ja der Zweck seiner Berufung – und das doppelte Stichwort »Wolke« erinnert deutlich daran.

In diesem Sinne beruft sich auch Paulus auf diese Sendung, wenn er schreibt: »Unsere Väter sind alle unter der Wolke gewesen« (1 Kor 10,1). Das Bild von der Wolke, in welcher der Herr kommt, stammt, wie bereits erwähnt, aus der Sinaitradition, wurde aber schon von Jesaia eschatologisch auf die Endzeit umgedeutet: »Der Herr wird kommen. Er wird über der ganzen Stätte des Berges Zion und über denen, die sich dort versammeln, als Wolke weilen bei Tag (...) und als flammender Feuerglanz bei Nacht« (Jes 4,5). Und so heißt es auch in der Offenbarung des Johannes ganz parallel zu Jesaia: »Und ich schaute auf, und siehe, eine weiße Wolke und auf der Wolke saß einer, der einem Menschensohn ähnlich war« (Offb 14,14 ff.).

Dieselbe »leuchtende Wolke«, die in der Wüste die Kinder Israel »überschattet« (Ex 13,22; 19,16; 24,16), wird von dem hebräischen Zeitwort »schachan« abgeleitet, das die »Einwohnung« Gottes (Schechinah) zum Ausdruck bringt. Es dient demselben Zweck bei der Ankündigung der Geburt Jesu durch den Engel Gabriel, der der Maria mitteilt: »Die Kraft des Höchsten wird dich überschatten« (Lk 1,35), und bei der Verklärung, wo »eine leuchtende Wolke sie überschattete« (Lk 9,34). In beiden Fällen geht es um die Erscheinung der Herrlichkeit Gottes in der Wolke, »wie sie sich zur Zeit des Mose gezeigt hatte«, und wie sie nach 2 Makk 2,8 auch für die Endzeit erwartet wird. Die Himmelsstimme, die wie am Sinai aus einer Feuerwolke erklingt, ist nicht nur fast identisch mit der Himmelsstimme, die kurze Zeit zuvor Jesus bei seiner Taufe zum Gottessohn proklamierte (Mt 3,17; Mk 1,11), sondern stellt auch eine biblische Blütenlese dar, die Jesus sowohl mit Mose (Dt 18,15) und König David (Ps 2,7) als auch mit Jesaias leidenden Gottesknecht (Jes 42,1) verbindet – all dies in einer einzigen Zeile, die aus acht hebräischen Worten besteht.

Bei der Verklärung sagt »die Stimme aus der Wolke« (Mt 17,5) fast dasselbe, was »die Stimme aus den Himmeln« bei der Taufe Jesu sagt (Mt 3,17):

a) »dieser ist mein geliebter Sohn«
b) »an dem ich Wohlgefallen habe«
c) »auf ihn sollt ihr hören!«

Dies ist eigentlich ein zusammengesetztes Mischzitat aus allen drei Teilen der Hebräischen Bibel: Tora (Pentateuch), Nebiim (Propheten) und Ketubim (Schriften). Es erfüllt also die rabbinische Forderung, daß eine Aussage, die *dreifach* aus der Dreiheit des Tenach (Tora, Propheten u. Schriften) belegt werden kann, als unwiderlegbar gelten darf. Doch hier geht es um mehr. Nicht nur die Messianität Jesu soll dreifach bezeugt werden, sondern zugleich auch sein dreifaches Messias-Amt, und zwar folgendermaßen: Zitat a) stammt aus dem Krönungspsalm 2,7, der Teil der Krönungszeremonie der davidischen Dynastie war. In ihm sagt Gott zum neugesalbten Herrscher: »Mein Sohn bist du, heute habe ich dich gezeugt.« Zitat b) in Jes 42,1 im »Lied vom leidenden Gottesknecht« sagt Gott zum Schmerzensmann (der im Targum als »der Messias« übersetzt wird): »Seht, mein Knecht, den ich stütze, an dem ich Wohlgefallen habe.« Hier mag auch eine Andeutung auf die kommende Passion verborgen sein, wie es der Evangelist verstanden haben wollte. Zitat c) stammt aus der letzten Mahnrede Moses an sein Volk, in der er weissagt: »Einen Propheten wie mich wird dir dein Gott aus der Mitte deiner Brüder erstehen lassen; auf ihn sollt ihr hören!« (Dt 18,15)

Aus diesen drei Bibelworten – das *prophetische* aus dem Fünfbuch Moses, das *königliche* aus den Psalmen und das *messianische* aus Jesaia – entsteht nun ein Mischzitat, das in acht hebräischen Worten jedem bibelfesten Juden unzweideutig besagen soll: Dieser Jesus ist der von Gott gesandte Prophet, ein zweiter Mose, der euch als Königsmessias erlösen wird. Hier ist höchstwahrscheinlich die Keimzelle des »triplex munus« zu finden, das später im Hebräerbrief vertieft und erweitert worden ist. Dort ist Jesus der, der Mose überragt (Hebr 3,3), der den

Hohepriester überflügelt (Hebr 5,5) und der prophetische Mittler »eines neuen Bundes, der den alten Bund für veraltet erklärt« (Hebr 8,13). Jesus wird also sowohl als Sohn Davids dargestellt, also als legitimer Herrscher über Israel, als Priester wie Aaron und als Messias wie Melchizedek. Diesen letzteren Titel haben wir erst aus Höhle 11 in Qumran zu verstehen gelernt, wo Melchizedek als himmliche Erlösergestalt geschildert wird, der als erster Priester des »Höchsten Gottes« (El – Eljon) auch als größter aller Gottesdiener erachtet wurde. Seine Rückkehr wurde in Qumran als Anbruch der Heilszeit sehnlichst erwartet. Daß er ein Heide war, wie Gen 14,18–20 verdeutlicht, macht ihn zur Urgestalt einer universalen Hoffnungsökumene, die alle konfessionellen Schranken sprengt.

Diese Trias der Messiashoffnungen schimmert auch deutlich in Mt 12 durch, wo gesagt wird, Jesus sei »mehr als der Tempel« (Mt 12,6), »mehr als Jona« (Mt 12,41) und »mehr als Salomo« (Mt 12,42), womit nochmals ausgesagt wird, daß die drei verschiedenen Erwartungen, wie sie insbesondere in Qumran gehegt wurden – des priesterlichen, des prophetischen und des herrschenden Erlösers – in der Person Jesu zur Dreieinigkeit vereint worden seien.

Vorwiegend in dem Himmelsspruch (Mt 17,5) ist jedoch das Wort aus Ps 2,7, das zum Krönungsritual der davidischen Dynastie gehörte, wobei die sogenannte Adoption des neugekrönten Herrschers als »Gottessohn« ihn verwandelte, ihm zur geistigen »Neugeburt« verhalf, so daß er nun als »ein anderer Mann« (wie Saul in 1 Sam 10,6) in Gottes Namen regieren konnte.

Der Rest der Perikope klingt aus in »der Furcht« der Jünger analog zur Furcht der Kinder Israel zu Füßen des Sinai (Ex 19,16), die Jesus – wie so oft – beruhigt und besänftigt, wobei der Schlußsatz (Mt 17,8) es klarstellen soll, daß hier von einer Vision der drei Jünger die Rede ist, in der Jesus selbst keinerlei aktive Rolle zu spielen hatte: »Als sie aber ihre Augen erhoben, sahen sie niemand als Jesus allein« (Mt 17,8).

Der Königstitel

Bevor wir zusammenfassen, soll auf ein Kuriosum hingewiesen werden. Über ein dutzendmal finden wir in den Evangelien, zerstreut und verharmlost, Anspielungen auf Jesu davidische Herkunft und seinen berechtigten Anspruch zum Königtum. So z. B.:

- »Bist du der König der Juden?« (Mt 27,11 et par.), so fragt ihn Pilatus, ohne den geringsten Anlaß dazu zu haben.
- Die »bejahende« Antwort Jesu »Du sagst es!« (Mt 21,11 et par.), die nach römischem Recht einem Geständnis gleichkommt.
- Die Verspottung Jesu durch römische Soldaten (Mt 27,27–31 et par.) mit den Worten »Heil Dir, König der Juden!«, die »Krönung« mit einer Dornenkrone und die »Huldigung« mit einem »Purpurmantel«, die hiermit eine römische Krönung nachäffen wollten, da sie von einer vorherigen jüdischen Krönung gehört hatten.
- Die Frage der Apostel: »Herr, wirst du zu dieser Zeit das Reich für Israel aufrichten?« (Apg 1,6)
- »Sohn Gottes« war ursprünglich ein königlicher Titel im alten Israel, beruht auf Ps 2,7 und war Teil des Krönungsrituals.
- »Gepriesen, der da kommt, der König, im Namen des Herrn!« So jubelt ihm die Volksmenge zu bei seinem triumphalen Einzug in Jerusalem (Lk 19,38).
- Und als »Rex Judaeorum« wird er schließlich laut allen vier Evangelien gekreuzigt.

Noch ein im Text versteckter Hinweis scheint mir erwähnenswert. Einer der damaligen Bräuche für einen neuen König war eine »Antrittsreise« durch sein Königreich. Auch Jesus, so könnte es scheinen, plante solch eine Reise, sobald die Umstände es ermöglichen sollten. Das bezeugt Lukas kurz nach dem Bericht von der Verklärung: »Danach setzte der Herr noch weitere 70 Jünger ein und sandte sie zu zweit vor sich her in alle Städte und Orte, wohin er gehen wollte« (Lk 10,1). Die Zahl 70 ist hier bedeutsam, denn sie war die Mitgliedszahl eines Synhedrions wie auch die Anzahl aller heidnischen Weltvölker.

Jesus als »neugekrönter König« ernannte also, wie es scheint, sein Synhedrion und schickte seine Mitglieder aus, um »die Städte und Orte« im Lande auf seine Rundreise vorzubereiten. Wie solch ein »königlicher« Reiseplan sich allerdings mit seiner Verurteilung und dem Tod am Kreuz verträgt, bleibt eine offene Frage.

Die »Verklärung« – also doch eine Krönung?

All diese Hinweise und Andeutungen, die trächtig sind mit politisch-aufrührerischen Implikationen, wurden wohlweislich von allen vier Evangelisten weitgehend entstellt, entpolitisiert oder vergeistigt, um den Schwerpunkt auf Jesus als den *Messias* – im Sinne von *Christus* – zu setzen, wobei man »den König« in der Titulatur totschwieg. Hiermit wurde sowohl die beabsichtigte Distanzierung vom Judentum gewonnen als auch die politische Dimension der Messianität verharmlost – allerdings auf Kosten einer semantischen Amputation, denn »der König Messias« ist im Judentum ein Gesamttitel, dessen beide Hälften untrennbar zusammengehören. (Sein theo-politischer Anspruch auf die Herrscherwürde hat im Judentum – und es ist ja schließlich ein hebräischer Begriff – nicht das geringste mit Auferweckkung oder Auferstehung von den Toten zu tun.)

Eines muß hier noch verdeutlicht werden. Die Huldigungen, die Jesus zuteil wurden als »Prophet«, als »Gottesmann«, als Wundertäter, ja sogar als hebräischer »Sohn Gottes«, mögen alle der Euphorie enthusiastischer Anhänger des Nazareners zugeschrieben werden, die jedoch zu keinerlei weitgehenden Folgen führen mußten. Mit anderen Worten: Zum Prophetentum im alten Israel genügte im allgemeinen persönliches Charisma, das Gefühl der Gottesnähe und die Gabe der hinreißenden Rhetorik sowie ein starkes Sendungsbewußtsein, um auch die unbequemen Botschaften Gottes an das Volk zu vermitteln.

Doch all dies genügte nicht im Falle des »Messiaskönigs«, von dem viel mehr erwartet wurde. Im 6. Kapitel des Johannesevangeliums lesen wir: »Da nun Jesus merkte, daß sie kamen (...) um ihn zum *König* zu machen, floh er *wieder* auf *den* Berg (Joh 6,15). *Der* Berg, heißt es, meint also *einen bestimmten Berg*, der ihm scheinbar häufig als Zuflucht diente, mag mutmaßlich auch der Berg der Krönung gewesen sein. Denn von Johannes lernen wir, daß es ein populäres Verlangen gab, ihn zu krönen; von dem Jesus sich »wieder«, also wiederholt zu entziehen wußte. Im Zuge seines heranreifenden messianischen Selbstverständnisses mag er jedoch diesem nachdrücklichen Wunsch Gewähr geleistet haben, indem er sich schließlich doch krönen ließ – quasi als zeichenhafte Vorwegnahme des nahenden Himmelreiches.

Wenn dem so ist, waren es drei einleuchtende Gründe, die die späteren griechischen Evangelisten bzw. ihre End-Redaktoren dazu bewegten, diese Krönung allegorisch zu vergeistigen, was dann in der »Verklärung« resultieren konnte, wie wir sie kennen,

1. um Jesus nicht allzu sehr auf die nationale Rolle eines Messias Israels festzulegen, was für die Heidenkirche seine universale Heilsrolle hätte schmälern können;

2. um ihn nachösterlich zu entpolitisieren, da ja eine Krönung in Galiläa von vielen Heidenchristen als innerjüdischer Hoheitsakt verstanden worden wäre, der seine Wirkungskraft auf Israel beschränken würde;

3. um das Todesurteil des Pilatus nicht postum zu rechtfertigen, denn eine Krönung Jesu zum »König der Juden« würde sowohl den *titulus* INRI als auch die Rebellenkreuzigung gemäß der römischen lex Iulia majestatis als legal und legitim erscheinen lassen.

Drei triftige Gründe, um eine symbolische Krönung in eine abstrakte Vision zu verwandeln, gegen die keine der römischen Behörden das geringste einwenden konnte.

Wurde Jesus also in der Tat zum »König der Juden« gekrönt? Die symbolischen Zeremonien der Krönung und Salbung mögen seine Jünger davon überzeugt haben, für eine rechtliche Anerkennung jedoch genügten sie keineswegs. Schließlich wurden sie lediglich von drei Anhängern im verborgenen und in der Einsamkeit vollzogen – um so mehr, als die von den Propheten Israels verkündete Erlösung durch den Messias seit jener »Krönung« nirgends wahrzunehmen war noch ist.

All dem unbeschadet bleibt Jesus von Nazareth die Inkarnation jüdischer Hoffnungskraft und Glaubensstärke, eine Leuchte seines Volkes und ein Lehrer der Menschheit, dem unzählige Menschen ein besseres Leben, ein edleres Streben und ein getrosteres Sterben zu verdanken haben.

Küßte sie seine Füße,
oder salbte sie sein Haupt?

Die vier Evangelien berichten über die Salbung Jesu, wobei jedoch jeder Evangelist dieses Ereignis nach seiner eigenen Theologie zurechtredigiert – vor allem, um jeden Verdacht, es handle sich um einen Akt politisch-monarchischer Bedeutung, weitgehend zu vermeiden. Wie eng jedoch die Begriffe der Salbung, des Königtums und der Messianität im biblischen Denken sinnverwandt sind, mögen einige Textpassagen kurz erhellen: »Einst gingen die Bäume hin, um einen König über sich zu salben«, so lesen wir in der berühmten Jotham-Fabel (Ri 9,8 f.). Und bei Saul heißt es: »Da nahm Samuel den Krug mit Öl und goß es auf Sauls Haupt und sprach: ›Siehe, der Herr hat dich zum Fürsten über sein Erbteil gesalbt‹ (1 Sam 10,1). Beim Sohn Davids lesen wir: »Und der Priester nahm das Ölhorn aus dem Zelt und salbte Salomo (…) und alles Volk rief: Es lebe der König Salomo!« (1 Kön 1,39 f.). So eng ist die Salbung mit der Messianität verbunden, daß der Prophet Sacharia die Gesalbten des Herrn mit »zwei Ölbäumen« vergleichen kann: »Was sind die beiden Zweige der Ölbäume?« So fragt er, und der Engel antwortet ihm: »Es sind die zwei Messiasse, die vor dem Herrscher aller Lande stehen« (Sach 4,11 ff.).

Wir besitzen, wie gesagt, vier Schilderungen der Salbung Jesu, die zwar im Grundriß miteinander übereinstimmen, jedoch auch wesentliche Unterschiede aufweisen – vor allem was den Zeitpunkt anbetrifft. Bei Markus und Matthäus findet die Salbung *zwei* Tage vor Pessach statt; bei Johannes sind es *sechs* Tage vor dem Fest, während Lukas das Ereignis *viel früher*, noch vor der Aussendung der zwölf Apostel, mitten in die Karriere Jesu plaziert. Auch hinsichtlich der Lokalität herrscht Unsicherheit. Laut Johannes findet die Salbung im Hause Marthas und Marias statt, deren Bruder Lazarus Jesus kurz zuvor vom Tode auferweckt hatte; bei Lukas hingegen spielt sich alles im Hause »Simon des Pharisäers« ab, während sowohl bei Markus als auch bei Matthäus »Simon der Aussätzige« als Gastgeber genannt wird.

Ebenso umstritten scheint die Identität der Frau zu sein, die Jesus jene Salbung angedeihen ließ. Nach Lukas handelt es sich um »eine Sünderin«; nach Markus (14,3–9) und Matthäus (26,6–13) ist es eine unbekannte Frau, die nur Johannes, der vierte Evangelist, als Maria, die Schwester der Martha bezeichnet (12,1–11). Bei Markus und Matthäus salbt sie das *Haupt* Jesu; bei Lukas und Johannes hingegen seine *Füße*, die sie außerdem mit ihren eigenen Haaren trocknet. Nach Markus und Matthäus geschieht dies im Hause »Simons des Aussätzigen«, nach Johannes hingegen während einer Mahlzeit mit dem von den Toten auferweckten Lazarus.

Ein Essener wird zum Aussätzigen

Dieser Simon, den wir bei Lukas als »Pharisäer«, bei Markus und Matthäus als »Aussätzigen« kennengelernt haben, war aber höchstwahrscheinlich weder das eine noch das andere. Daß Jesus und seine zwölf Apostel die Nacht im Hause eines stadtbekannten Aussätzigen verbracht hätten, widerspricht nämlich aller historischen Wahrscheinlichkeit, da die Vorschriften über die Absonderung aller Aussätzigen seit Bibelzeiten streng vorgeschrieben waren (Lev 13,45–14,32) und in allen Einzelheiten durchgeführt wurden. Josephus bestätigt, daß die biblische Bestimmung, Aussätzige müßten »allein wohnen (...) außerhalb des Lagers« (Lev 13,46), auch zu Jesu Zeiten eingehalten wurde: »Aussätzige durften in keiner Stadt und in keinem Dorf wohnen« (contra Apionem I,31) – ein Verbot, das inbesondere für Jerusalem und seine Umgebung, zu der auch Bethanien gehörte (wo die Salbung stattfand), sehr streng gehandhabt wurde.

Simon, der Gastgeber Jesu, konnte daher als Aussätziger unmöglich in Bethanien, d. h. in unmittelbarer Nähe der heiligen Stadt gewohnt haben, auch konnte er nicht ein vom Aussatz

Geheilter gewesen sein, der den Beinamen »Aussätziger« trug, da es nach rabbinischem Ethos als schwere Sünde galt, jemandem sein Gebrechen (oder sein bereits verbüßtes Verbrechen) vorzuhalten, wie auch der Bergprediger gut jüdisch betont (Mt 5,21–22). Zudem wurde es moralisch nicht geduldet, den Aussätzigen seinem Schicksal zu überlassen. Hilfe und Unterstützung waren für alle, die ihnen begegneten, eine unabdingbare Verpflichtung der Nächstenliebe. Daß Jesus, der die biblische Nächstenliebe bis hin zur Entfeindungsliebe verabsolutierte, der vorher elf Aussätzige geheilt (Mt 8,1–4) und seinen Jüngern den Auftrag gegeben hatte, »Macht Aussätzige rein!« (Mt 10,8) –, daß er und die Seinen hier im Hause eines Aussätzigen auch nicht den geringsten Versuch einer Heilung oder Hilfeleistung unternahmen, ist genauso unwahrscheinlich wie die angebliche Tatsache, daß dieser Simon ungleich all den Hunderten von Kranken, die Jesus bis zu jener Stunde geheilt hatte, Jesus nicht um Heilung anging. Da Simon also aus vorgenannten Gründen kein Aussätziger gewesen sein konnte – was war er dann?

Eine Rückhebraisierung ermöglicht die Annahme, daß die Urschrift von einem *Schim'on ha-Zanu'a* sprach, was nur allzu leicht als »Schim'on ha-Zaru'a« verschrieben oder fälschlich entziffert werden konnte – um so mehr, als sich die Buchstaben *Nun* und *Resch* in der qumranischen Paläographie ähneln. Das erste Wort aber heißt »Simon der Aussätzige« (vgl. Lev 28,3), während die zweite Version »Simon der Essener« bedeuten würde. Die Macht der Gewohnheit konnte Lukas dazu bringen, dieses Hapax legomenon in einen »Pharisäer« zu verwandeln, da er ja von zwei anderen Pharisäern schrieb, die Jesus ebenfalls in ihre Häuser eingeladen hatten (Lk 11,37; 14,1). Dieselbe Macht der Gewohnheit, eine abgenützte Schriftrolle oder beide Faktoren zusammen, konnten Matthäus und Markus dazu gebracht haben, auf das Homöogramm »Aussätziger« zurückzukommen, dem beide Evangelisten vorher eine ganze Perikope gewidmet hatten (Mk 1,40–45; Mt 8,1–4).

»Zanua«, das »bescheiden, fromm, keusch und demütig« bedeutet, ist eine der talmudischen Bezeichnungen der Essener (bKidd 71 a; bKidd 12 a), deren griechischer Name »Essenoi« nach einer Theorie aus der Verballhornung der hebräischen Pluralform »Zenu'im« entstanden sein soll. Dem ist hinzuzufügen, daß in den letzten Jahren bei archäologischen Ausgrabungen in Jerusalem Reste einer Siedlung entdeckt wurden, die mit größter Wahrscheinlichkeit auf ein Essenerquartier in der heiligen Stadt schließen lassen.

Unnötige »Verschwendung« des kostbaren Salböls?

Bei Lukas wundern sich die Tischgenossen über das Jesuswort, daß der Sünderin »viele Sünden vergeben werden, weil sie viel geliebt« habe, während sich nach Markus *einige* und nach Matthäus *alle* Jünger über die Verschwendung kostbarer Salbe beklagen, mit der man dreihundert Denare zur Verteilung an die Armen hätte einlösen können. Erst bei Johannes und nur bei ihm ist es dagegen ausschließlich Judas, der sich beklagt, indem hier der späteste der vier Evangelisten den Wunsch einer Verteilung des Erlöses an die Armen noch dadurch ins Böse wendet, daß er Judas als den Verwalter der gemeinsamen Kasse als »einen Dieb« (Joh 12,6 f.) darstellt, der den Verkaufserlös eigentlich gar nicht habe verteilen, sondern unterschlagen wollen (vgl. das Kapitel »Judas – verkannt und verraten?« in meinem Buch »Wer war schuld an Jesu Tod?«, GTB 1419, S. 11 ff.).

Die Worte »einige der Jünger«, die die Verwendung des »kostbaren Salböls« als »Verschwendung« bezeichnen, könnten auch anders gedeutet werden (Mt 26,8; Mk 14,4). In den beiden Talmudtraktaten (Keritot 5 b und Horajot 11 b–12 a), wo von der Salbung von Königen die Rede ist, wird mehrmals vor einer »Veruntreuung« des reinen Balsamöls gewarnt, womit eindeutig die Vergeudung des kostbaren Öls gemeint ist. In der Folge heißt es: »Die Könige des davidischen Hauses salbt man; die

Könige des Hauses Israel salbt man nicht (...) einen König, der ein Sohn eines Königs ist, salbt man nicht, es sei denn, es gibt andere Thronprätendenten.« Es gäbe also drei plausible Gründe von seiten bibelkundiger Jesusjünger, um gegen die Salbung ihres Meisters Einspruch zu erheben:

a) Da Jesus für sie als »König von ganz Israel« galt wie David vor ihm, wäre die Salbung eigentlich unnötig.

b) Als »Sohn Davids« konnte Jesus als Königssohn gelten, der ebenfalls keiner Salbung bedurfte, um das Erbe seines Vaters anzutreten.

c) Da Jesus schon zuvor auf dem Berge Hermon symbolisch gesalbt worden war, mag eine Wiederholung der Zeremonie für einige der Jünger wie eine unnötige »Verschwendung« angemutet haben.

Eine Salbung zum »König der Juden«?

All die Unterschiede in den Schilderungen der vier Evangelisten können keineswegs das Tatsachengerüst entstellen, welches allen vier Berichten gemeinsam ist. Grundlegend bleibt nämlich der Tatbestand, daß eine Frau Jesus salbt und daß diese Handlung Einwände und Protest hervorruft, die Jesus beiseite fegt, indem er die Salbung rechtfertigt. Wäre diese Salbung lediglich als eine höfliche Geste der Gastfreundschaft erfolgt, wie es denkbar ist, so ist weder anzunehmen, daß sie als solche in allen vier Evangelien berichtet worden wäre, noch hätte sie unzweideutige Spuren in der ältesten Jesusüberlieferung hinterlassen, wie Mk 14,9 und Mt 26,13 es bezeugen.

Hinzuzufügen ist hier noch, daß eine Salbung, die als Anstandspflicht an Gästen vollzogen wurde oder der Körperpflege diente oder als Erquickung für müde Wanderer gemeint war, fast ausnahmslos auf die Fußsalbung beschränkt worden wäre. So schildern es etliche rabbinische Kommentare zum Moses-Segen über Ascher, von dem es heißt: »Er tauche seinen Fuß in Öl!« (Dtn 33,24). Hierzu wurde im allgemeinen reines Olivenöl oder Öl, das gemischt war mit Wein, verwendet, aber keineswegs »ein Alabastergefäß mit ungemein wertvollem Salböl«, wie es in drei der vier Evangelien mit Nachdruck betont wird.

Da in den beiden ältesten Evangelien jedoch von der Salbung seines Hauptes die Rede ist und diese Salbung durch alle vier Evangelien widerhallt; da solch eine Salbung kurz nach dem Einzug Jesu in Jerusalem und der Huldigung einer begeisterten Schar seiner Anhänger nur im Zusammenhang mit Jesu Sendungsbewußtsein an Sinn und Bedeutung gewinnt, ist es glaubwürdig, daß es sich hier für seine Jüngerschar um die Königssalbung handelt, die Jesus dem Bibelbrauch gemäß zum gesalbten König über Israel gemacht hätte. Warum diese Salbung weder von einem Ältesten noch von einem der Jünger, sondern von einer Frau vorgenommen wurde, bleibt eine offene Frage. Geschah dies vielleicht, um jeden Verdacht einer »politischen« Salbung im Keime zu ersticken, die ja ansonsten traditionsgemäß durch einen dazu befugten Mann hätte vollzogen werden müssen? Denn jedes Gerücht über die erfolgte Salbung eines »Königs der Juden« hätte für die römischen Behörden als Hochverrat gegolten, der mit der Todesstrafe geahndet werden mußte. Oder wollte Jesus, der Bußprediger, eine reuige Sünderin auszeichnen, indem er ihr eine Dienstleistung übertrug, die im allgemeinen als männliches Prärogativ erachtet wurde?

»Da stand *Jehu* auf und ging hinein, der Prophet aber goß das Öl auf sein Haupt und sagte zu ihm: So spricht der Herr, der Gott Israels: Ich habe dich zum König gesalbt über Israel, das Volk des Herrn!« (2 Kön 9,6). So heißt es von der Salbung Jehus, des Sohnes von Josaphat, dessen hierauf folgender Einzug in die Hauptstadt an den Einzug Jesu in Jerusalem erinnert: »Da nahm jeder eilends sein Kleid und legte es vor ihn hin auf die hohen Stufen, und sie bliesen die Posaune und riefen: ›Jehu ist König geworden!‹« (2 Kön 9,13). Ebenso heißt es beim ersten König Israels: »Da nahm Samuel den Krug mit Öl und goß es auf *Sauls* Haupt und küßte ihn und sprach: ›Siehe, der Herr hat dich zum Fürsten über sein Erbteil gesalbt‹« (1 Sam 10,1). Bei Salomos Einsetzung zum Herrscheramt lesen wir: »Da gingen hinab der Priester (...) und der Prophet (...) und setzten *Salomo* auf das Maultier des Königs David (...) und der Priester nahm das Ölhorn (...) und salbte Salomo. Und sie bliesen in die Posaune, und alles Volk rief: ›Es lebe der König Salomo!‹« (1 Kön 1,38 ff.).

Angesichts dieser altehrwürdigen Tradition wäre die Salbung in Bethanien wahrscheinlich die halböffentliche Legitimierung jener geheimen Krönung auf dem Hermon, die wir als »die Verklärung« kennen. Da solch eine messianische Salbung zu Jesu Zeiten eine unverschweigbare politische Dimension besaß, wie sie später auch im titulus am Kreuz »Rex Iudaeorum« eindeutig zum Ausdruck kommt, mußten die Evangelisten ihr Bestes tun, um sie zu verharmlosen, zu entpolitisieren und, jeder nach seiner Christologie, umzuredigieren.

So deutet sie Markus, gefolgt von Matthäus, in eine proleptische Salbung seines Leichnams um. Lukas läßt die Frau Jesu Füße salben und geht soweit zu betonen, daß sein Haupt überhaupt *nicht* gesalbt worden wäre (Lk 7,46) – eine vielsagende Überbetonung, die stutzig machen muß. Johannes folgt Lukas in dieser Fuß-Salbung, setzt aber den Schwerpunkt auf eine ziemlich künstlich klingende Debatte über den Vorzug der Jesus-Verehrung gegenüber der Mildtätigkeit, in der Jesus, im Widerspruch zu seiner sprichwörtlichen Vorliebe für die Armen, folgende Worte in den Mund gelegt werden: »Die Armen habt Ihr doch allezeit bei Euch; mich aber habt Ihr nicht allezeit« (Joh 12,8). Und dennoch folgt im vierten Evangelium unmittelbar auf die Salbung der Einzug Jesu in Jerusalem, der auf messianische Weise geschildert wird. Da der johannäische Jesus Jerusalem als gesalbter König betritt, um kurz darauf als solcher verurteilt zu werden und zu sterben, mag diese Zeitfolge dem historischen Ablauf der Ereignisse entsprochen haben.

Einen Nachhall dieser plausiblen Deutung jener vierfach belegten Salbung Jesu in Bethanien, am Stadtrand Jerusalems, finden wir auch im Epheserbrief des Kirchenvaters Ignatius, der noch vor Ende des ersten Jahrhunderts geschrieben wurde. Dort heißt es in messianischer Allegorie: »Deswegen nahm der Herr kostbares Salböl auf sein Haupt, damit er der Kirche den Duft der Unverweslichkeit zuwehe« (ad Eph 17,1).

Jüdische Wurzeln von Eucharistie und Abendmahl

Befreiung, Erlösung und Auferstehung – diese drei Fundamente aller biblischen Theologie sind in ihren Wurzeln »passahhaft«. Sie sind die Grundpfeiler zweier Feste, *Pessach* und *Ostern*, die nicht nur nahe miteinander verwandt sind, sondern auch bis heute ähnliche zentrale Bedeutung im Judentum und Christentum einnehmen. Beginnen wir mit dem älteren Fest.

Die Wichtigkeit des Pessach- oder Passah-Festes geht schon daraus hervor, daß es als einziges im jüdischen Kalender vier verschiedene Namen trägt: *Passah*, das Überschreitungsfest; *Chag-ha-Mazzot*, das Fest der ungesäuerten Brote; *Chag-ha-Aviv*, das Frühlingsfest; *Zeman Cherutenu*, die Zeit unserer Befreiung.

Was bedeutet der Name *Pessach*? Als der Herr den Eigensinn des Pharao brechen und sein Volk von der Knechtschaft befreien wollte, wurde Ägypten mit zehn Plagen heimgesucht, von denen die letzte – das Sterben der Erstgeborenen – so fürchterlich wie ausschlaggebend war. Den Juden in Ägypten jedoch wurde aufgetragen, die Seiten und Türpfosten ihrer Häuser mit dem Blut eines Lammopfers zu besprengen, und jedes Haus, das dieses Schutzzeichen trug, wurde dann verschont oder »übergangen« in jener Nacht, als der Würgeengel die Erstlinge der Ägypter erschlug. Das Zeitwort »verschonen« (oder »überspringen«) heißt auf hebräisch *passach*, so daß die »Nacht der Schonung«, in der der Würgeengel die Türen Israels überging, für ewig das »Pessach des Herrn« (Ex 12,11) genannt wurde. Die Bibel beschreibt daher das Passah-Lammopfer mit folgenden Worten: »Es ist ein Überschreitungsopfer, dem Ewigen zu Ehren, weil er in Ägypten über die Häuser Israels hinweggeschritten ist, da er Ägypten geschlagen und unsere Häuser gerettet hat.«

Zu Ehren des Kirchenvaters Hieronymus sei gesagt, daß er sich im Gegensatz zu anderen Kirchenvätern weigerte, das hebräische *passach* vom griechischen *paschein* (auf deutsch »leiden«) abzuleiten, um so das Pessach zum Urbild der Passion zu christologisieren, sondern er übersetzte korrekt mit *transitus* (Übergang). Dieser transitus wurde jedoch später kirchlich allegorisiert und auf Jesu angewandt: »Sciens Jesus qua venit hora ut transeat ex mundo ad Patrem«, und so sagt dann auch Augustinus: »Pascha (...) praenuntiabat domini transitum de hoc mundo ad Patrem« (Das Passah ist Vorankündigung des Überganges Jesu aus dieser Welt zum Vater). Die Bibel gibt dem Pessachfest den chronologischen Erstlingsrang vor allen anderen Feiern, indem sie mit dem Pascha den Neujahresbeginn festlegt: »Dieser Monat gelte bei euch als Anfangsmonat; der erste sei er bei euch von den Monaten des Jahres« (Ex 12,2).

Ist Pessach das *erste Fest im jüdischen Jahr*, so stellt Ostern, »das Passahfest des neuen Bundes«, wie es die Theologen auch nennen, das *älteste christliche Fest* dar. In ihm ist eigentlich alles, was später in einer Vielzahl von Festen ausgegliedert wurde, als ein Ganzes zusammengefaßt. Ostern als »Kern und Stern des Kirchenjahres« bezeichnet den *Übergang* – also den Transitus, das Pessach – vom Tod zum Leben, den im Leiden Jesu für Christen gewonnenen Durchbruch. Kein Wunder, daß Ostern während der ersten drei Jahrhunderte der Frühkirche nicht nur seinen semitischen Urnamen beibehält, sondern auch sein jährlicher Termin bis zum ersten Konzil von Nicäa mit dem Termin des jüdischen Festes abgestimmt wurde. Ja, das jüdische Pessach steckt noch bis heute im Wort Ostern aller romanischen Völker: Pasqua, Pâque, Pasquale etc.

Was sind nun die *Grundzüge* des jüdischen Pessachfestes? Sein Leitmotiv ist die Erinnerung an die Rettertat Gottes beim Auszug aus der Knechtschaft. Diese Heilstat, die den Ausgangspunkt bis hin zum Sinai-Erlebnis und zur späteren Landnahme Kanaans darstellt, soll nicht nur im Volksgedächtnis verewigt werden, sondern in voller Vergegenwärtigung von Generation zu Generation weiterleben. Der wichtigste Tora-Text, der das Pessachfest behandelt, gehört zum sog. Bundesbuch, einer der ältesten Schichten jüdischer Gesetzgebung. Er nimmt klar Stellung zugunsten der geschichtlichen Interpretation des Festes und gebietet den Doppelritus der *Mazzot* und des *Lammopfers*: »Achte genau auf den Monat Aviv und feiere das Pascha für den Herrn, deinen Gott; denn im Monat Aviv hat dein Gott dich in der Nacht aus Ägypten herausgeführt. Du sollst das Pascha für deinen Gott schlachten (...) an der Stätte, die der Herr erwählen wird (...) Du darfst dazu nichts Gesäuertes essen. Sieben Tage lang sollst du dazu ungesäuerte Brote als Brot der Bedrängnis essen, denn in hastiger Eile bist du aus dem Lande Ägypten ausgezogen, damit du eingedenk bleibst deines Auszuges aus dem Lande Ägypten, solange du lebst« (Dtn 16,1–7).

Die *Mazza* – das Brot der Bedrängnis, aber auch der Freiheit – ist geschmacklos und hart. Hart soll es auch sein im Kontrast zu den üppigen Fleischtöpfen Ägyptens, denn der Weg in die Unabhängigkeit führte Israel durch vierzig Jahre Wüste, Hunger und Kampf. Das *Lammopfer*, der zentrale und anscheinend älteste Ritus des Pessachfestes, existiert seit dem Fall des Zweiten Tempels nicht mehr, da die Lämmer im Tempelhof geschlachtet wurden, um dann von vielen Tausenden von Pilgern am Abend im Familienkreis verzehrt zu werden. Bis heute ist es symbolisch durch einen gerösteten Lammknochen am Sedertisch vertreten, da dieses Opfer ja schon seit Bibelzeiten als Zeichen des ewigen Bundes verstanden wurde. Die Haggada erinnert uns dabei sowohl an den Bund Abrahams »zwischen den Opferstücken« (Gen 15,10) als auch an den wiederbestätigten Bund mit allen drei Erzvätern: »Gott erhörte unser Jammern (in Ägypten), und er gedachte seines Bundes mit Abraham, Isaak und Jakob.« und Rabbi Matteya ben Cheres kommentiert hierzu um 125 n. Chr.: »Das Blut des Passah und das Blut der Beschneidung sind beide Blut des Bundes, um dessen willen die Erlösung aus Ägypten gewährt wurde.« Dieser Zusammenhang zwischen *Blut, Gottesbund* und *Erlösung* wird im Sühneopfer Jesu am klarsten verkörpert. Dieser einzigartige Wendepunkt in der Geschichte Israels, der aus unterdrückten

Fronarbeitern zuerst entlaufene Sklaven machte, deren Ketten Gott zerbrach, um sie dann in der Wüste zu seinem Volk zu erwählen, ist seit drei Jahrtausenden zum Inbegriff aller Völkerbefreiung geworden. – Um nur ein Beispiel anzuführen: Im Jahre 1775, als die USA gegründet wurden, schlug Thomas Jefferson vor, ein Bildnis der Kinder Israels bei der Überquerung des Roten Meeres – also im Moment des Übergangs von Knechtschaft zur Freiheit – zum Staatsemblem der neuen amerikanischen Republik zu prägen ...

»Du bist es, der aus Ägypten ausgezogen ist!« Dieser Satz ist *Kern* und *Seele* der ganzen Pessachzeremonie, und dreißig Jahrhunderte jüdischer Leidensgeschichte haben diese tiefe Wahrheit jeder Generation nur allzu deutlich bewiesen. In der Haggada schreibt das Ritual noch diese Mahnung hinzu: »Nicht nur unsere Vorfahren hat er befreit, sondern auch uns zugleich mit ihnen hat er befreit. Denn da ist kein einziger Feind, der sich gegen uns erhebt, um uns zu vernichten, aus dessen Hand der Heilige – er sei gesegnet – uns nicht errettet.« Und noch klarer: »Das geschieht um dessentwillen, was der Herr an *mir* getan hat, als *ich* aus Ägypten zog.« Diese Personalisierung des Festes hat sich seit hundert Generationen lebendig gehalten. Kein jüdisches Kind erreicht wohl je das Barmitzvah-Alter (dreizehntes Lebensjahr), ohne die Geschichte des Exodus als eigenes *Seder*-Erlebnis mitgefühlt und mitgesprochen zu haben.

Das vierte Buch Mose (Num 9,11) fügt dem Doppelritus des Lammes und der Mazza noch das *Bitterkraut* hinzu. »Dieses bittere Kraut, das wir essen, warum geschieht es?« fragt die Haggada und antwortet: »Es deutet darauf, daß die Ägypter das Leben unserer Väter in Ägypten verbitterten. So sagt auch die Schrift: Sie verbitterten ihnen das Leben durch harte Arbeit in Lehm und Ziegeln und in allerlei Feldarbeit.« Hinzu kommen noch gemäß Ex 6,6–7 die bereits in der frühen Mischnah vorgeschriebenen *vier Becher Rotwein*: »Ich bin der Herr und will euch wegführen von den Lasten, die euch die Ägypter auferlegen, und will euch erretten von eurem Frondienst und will euch erlösen mit ausgestrecktem Arm und durch große Gerichte. Ich will euch annehmen als mein Volk und will euer Gott sein.« Die *vier Gnadenerweise* sind also das Wegführen, die Errettung, die Erlösung und die Annahme oder Erwählung, zu deren Ehren die vier Becher Rotwein getrunken werden. *Rot* ist der Wein in Erinnerung an das *Blut des Bundes*. So wurde Pessach zum zentralen Familienfest der jüdischen Liturgie und auch zur Einführung der Kinder in den Glauben ihrer Väter.

Interessant ist hier der Brauch, den *vollen Hallel* – die Lobpreisungen der Psalmen – vor dem zweiten Becher zu zitieren. Jedoch nur am ersten Tage des siebentägigen Festes. Denn an allen anderen wird nur der *halbe Hallel* (Dankgebet aus dem Psalter) gebetet. Warum? Die Antwort, die heute nicht weniger aktuell ist als zu den Zeiten der Pharaonen und Amaleks, finden wir in einem alten Midrasch im Jalkut Schimoni: »Als Ägyptens Heer und Reiter im Roten Meer versanken, nachdem Israel heil und trockenen Fußes das andere Ufer erreicht hatte, stimmten die Scharen der Engel einen Lobgesang an, jedoch der Heilige, gepriesen sei sein Name, wies sie schroff zurück: ›Die Ägypter, das Werk meiner Hände, versinken in den Fluten‹, sagte der Ewige, ›und ihr wollt singen?‹.« Aus diesem Gefühl des *Mitleidens* und der *Mitmenschlichkeit* – auch für die Feinde Israels – wird bis heute zur Feier der jüdischen Volksbefreiung nur das halbe Hallel gebetet, und alle *Erstgeborenen* Israels fasten am Rüsttag des Pessachfestes, zum traurigen Andenken an das Hinsterben aller männlichen Erstgeburt bei den Ägyptern, die das Volk Israel vierhundert Jahre lang versklavt hatten.

Jesu Bestreben, seinen letzten *Sederabend* in Jerusalem zu feiern, kommt insbesondere bei Johannes (12,1) zum Ausdruck, der betont, daß Jesus schon sechs Tage vor dem Fest in der Hauptstadt ankam. Doch auch Markus und Lukas unterstreichen Jesu sorgfältige Vorbereitungen zum Fest (Mk 14,12–16; Lk 22,8–14): »Mit Verlangen habe ich begehrt, dieses Pessach mit euch zu essen vor meinen Leiden«, sagt er zu seinen Jüngern am Rüsttage (Lk 22,15). Das Leitmotiv des Festes ist also das Gedächtnis an die Rettertat Gottes beim Auszug aus Ägypten. Dieser Leitgedanke hallt auch wider in den Worten Jesu in der christlichen Tradition der Einsetzungsworte »Dies tut zu meinem Gedächtnis« (Lk 22,19), wobei ebenfalls an eine von Gott erwirkte Erlösung gedacht wird, die unmittelbar bevorsteht.

Die Erinnerung, nicht an Jesus, jedoch an einen seiner älteren Zeitgenossen (und vielleicht seinen *Lehrer*) ist in der Pessach-Haggada verankert, die einen symbolischen Speiseritus beschreibt und alle Tischgenossen bis zum heutigen Tag einlädt, ihm zu folgen. Mit den Worten »In Erinnerung an Hillel« beginnt die Passage, die dann weiterlautet: »Also tat Hillel (...) er umwickelte (ein Stück des) *Passahlamm(es)* mit *ungesäuertem Brot* und *bitteren Kräutern* und aß sie zusammen«, was einer wörtlichen Interpretation der Vorschrift in Num 9,11 entsprechen könnte; *alle drei Symbole sind hier unmittelbar vereint.* Es scheint also, daß die Passachgebräuche bekannter Lehrautoritäten zur Zeit des Zweiten Tempels manchmal in die Liturgie ihrer Schüler eingingen, wie es z. B. bei Hillel im Judentum und bei Jesus im Christentum der Fall ist. Denn die Worte »Dies tut zu meinem Gedächtnis« (Lk 22,19) begleiten ja, ähnlich wie bei Hillel, eine symbolische Handlung, deren Sinn es ist, die Liturgie des Passahmales zu bereichern.

Nachdem Jesus mit seinen Jüngern das Mahl beendet hat, verteilt er die letzte Mazza, wie das bis heute jeder jüdische Familienvater tut: »Und er nahm das Brot (die Mazza), dankte (sprach den hebräischen Tischdank) und sagte: Das ist mein Leib, der für euch gegeben wird (in Bezugnahme auf das Blut des göttlichen Bundes mit den drei Erzvätern), nahm den Becher (der dritte vorgeschriebene Becher der Sedernacht) und sprach: Das ist der Becher des (neuen) Bundes in meinem Blut, das für viele vergossen wird« (Lk 22,19–20). So erfahren also die vier Grundpfeiler des Befreiungsfestes im Seder des Jesus von Nazareth ihre *Metamorphose*, in der vielleicht die Wurzel für den Begriff der *Wandlung der Elemente* in der späteren Eucharistie zu suchen ist: Das Passahlamm wird zum »Lamm Gottes«; die Mazza wird zum Leib Jesu; das Bitterkraut zum Symbol seiner bitteren, qualvollen Passion; der Wein wird zum Blut Jesu, »das für viele vergossen wird«.

Zum Werdegang der Eucharistie gehört aber auch ein fünftes Element, das vielleicht ein unmittelbares Bindeglied zwischen Pessach und Ostern darstellt. Es handelt sich hier um eine fast sakramentale Verkörperung der messianischen Hoffnung Israels, wie es der jüdische Privatgelehrte Robert Eisler schon vor einem halben Jahrhundert intuitiv erfaßt hatte. Sein Einblick, der seinerzeit sowohl von christlicher als auch jüdischer Seite vehement zurückgewiesen wurde, hat inzwischen dank gründlicher Forschungen beträchtlich an Glaubwürdigkeit gewonnen. Fast am Anfang der Pessachliturgie, vor Beginn des festlichen Mahles, wird ein Stück Mazza abgebrochen und beiseite gelegt, um dann nach dem Sedermahl wieder hervorgebracht und vom Hausherrn an alle Tischgäste verteilt zu werden, die es hierauf nach einem besonderen Segensspruch als letzte Nahrung des Abends verzehren. Das Abbrechen heißt in der Liste der vierzehn Ritualakte, die zumindest bis auf das frühe Mittelalter zurückgehen, »Jachatz«, auf deutsch »Möge er teilen!«, und das abgebrochene Stück, das als Endbissen den Schlußpunkt des Sedermahles darstellt, heißt hier »Zafun«. Dies bedeutet auf deutsch sowohl »Aufgehobenes« als auch »Verborgenes«. Dieses Ritual überbrückt also den ganzen Sederabend, da das Abbrechen und Entfernen des Mazzabrockens vor dem Mahl stattfindet und das Essen des »Verborgenen« das Mahl beendet. Es ist ein universeller Brauch, der in allen Versionen der Haggada auftaucht und wohl sehr alten Ursprungs ist. Die rabbinischen Erklärungen dieses Brauchs betonen, daß es sein Zweck sei, die verborgene Mazza vor einem irrtümlichen Aufessen zu bewahren. Aber kein Satz im Talmud, soweit ich sehen kann, erklärt den Grund, warum gerade dieses Mazzastück so eigenartig sei, daß es des Aufbewahrens, ja sogar des Versteckens für wert befunden wurde. Seit einigen Generationen gesellt sich noch ein Kinderspiel zu diesem alten Brauch: Nachdem der

Hausherr die Mazza entfernt hat, versteckt sie eines der Kinder und gibt sie dem Vater erst am Sederschluß gegen gebührende Belohnung zurück. Ob dieses Spiel des Versteckens in Zusammenhang steht mit dem späteren Verstecken der Ostereier, dem ja auch ein viel tieferer Symbolismus zugrunde liegt, oder ob dieser Scherz einen uralten Brauch ersetzt oder verzerrt, ist heute schwer festzustellen.

Was das Neue Testament anbetrifft, ist es wohl unnötig, den Zentralbegriff des *verborgenen Messias* zu erörtern. Sjöbergs Buch »Der verborgene Menschensohn in den Evangelien« ist den meisten Theologen bekannt. Auch der Targum in seiner Übersetzung von Micha 4,8 spricht vom verborgenen Messias als *Tamir*, einem aramäischen Synonym für *Zafun*, also: der Messias, der verborgen ist wegen der Sünden Israels. Wie sind nun die dunklen Worte zu verstehen, in denen Jesus sich mit der Mazza identifiziert? Ein anderer Volksbrauch des Sederabends mag uns auf die richtige Spur führen. Drei ungesäuerte flache Brote, nach der Dreiteilung des jüdischen Volkes benannt, werden unter einer Decke verborgen und unter die Sederschüssel gelegt: *Israel* zuunterst, *Levi* in der Mitte und *Kohen* obenauf. Das Abbrechen geschieht bei der Mittelmazza, dem Levi, was auf einen Messias Ben Levi anspielen könnte, also auf einen Erlöser aus demselben Stamm, aus dem Mose, der erste Erlöser Israels, kam. Die Schriftrollen vom Toten Meer liefern in diesem Zusammenhang interessante Aufschlüsse, die einen Glauben an den erwarteten Messias aus Levi in gewissen jüdischen Kreisen zur Zeit Jesu bestätigen könnten. Es gab damals allerdings etliche Messias-Erwartungen, teils davidisch-judäisch, teils levitisch.

Was noch aufschlußreicher erscheint, ist jedoch der Name des mysteriösen Mazzabrockens, der als Prolog und Epilog jeder Sederfeier dient. Er heißt in allen, auch den ältesten Handschriften, *Afikoman*. Der Name ist weder hebräisch noch aramäisch, und obwohl alle Forscher einstimmig der Meinung sind, daß es sich um ein griechisches Wort handelt, muten die meisten Ableitungen unglaubwürdig, manche sogar grotesk an.

So meint Lietzmann, Afikoman käme von *epi komon*, was auf deutsch etwa »auf dem Bummel« hieße. Er stützt sich dabei auf den Talmud, in dem Tosefta, Jeruschalmi und Babli für das Wort Afikoman drei verschiedene Erklärungen geben: Nach der einen bezeichnet es den Nachtisch; nach der zweiten Auslegung versteht man darunter musikalische Darbietungen; nach der dritten den Einbruch in eine andere Tischgesellschaft. Das Wort ist offenbar dem griechischen *epiko'omon* entlehnt und bezeichnet in seiner Heimat alles, was zum Trinkgelage gehört. Es unterliegt wohl keinem Zweifel, das epiko'omon hier im weiteren Sinne gemeint ist und das Ganze, mit dem Nachtisch beginnende, von Musik begleitete und meist in wüstem Unfug endende Trinkgelage umfaßt, so daß alle drei Erklärungen im wesentlichen übereinstimmen. Man verpönte den Genuß des Weines zwischen dem dritten und dem vierten Becher, weil man die Trunkenheit fürchtete. Man verpönte selbst den harmlosen Nachtisch nach dem Pessachmahl, weil im Hintergrund schon das widerliche Zerrbild grinste, in welches das feierlichste Trinkgelage zu entarten drohte. »Es ist das Fest der Freiheit, jedoch Freiheit ist nicht Ungebundenheit«, betonen die Schriftgelehrten im Talmud-Traktat Pessachim.

Dennoch scheint diese Exegese nicht ganz zu überzeugen. Die philologisch nächstliegende Ableitung ist wohl *aphikomenos* (oder *ephikomenos*), der »Kommende«, auf hebräisch *Habbā*, auf aramäisch *Athé*. Das griechische Verbum *aphikneomai* ist zwar selten, aber kommt in der Septuaginta zweimal in eschatologischen Zusammenhängen vor. Auf die Frage, warum da nicht das geläufigere Wort *erchomenos* für »den Kommenden« gebraucht wurde, sei auf die noch seltenere Vokabel *epiousios* hingewiesen, die bekanntlich nur im Vaterunser vorkommt. Es wird zwar häufig als »täglich« (»Gib uns unser täglich Brot«) übersetzt, aber könnte auch ein Synonym für *ephikomenos*, »der Kommende«, sein, abgeleitet vom Verbum *epeimi*. Einige alte Lesarten übersetzen es auch in diesem Sinn: »Gib uns heute das kommende Brot« oder »das morgige Brot« oder sogar »das Brot des Kommenden«. – *»Bist du der Kommende?«*

(Mt 11,3) ist eine Frage, die im Frühjudentum der Spätantike sowie im Urchristentum denselben Messianismus im Sinn hatte. »Der Kommende« oder »der da kommen soll« (Mt 11,14) bezieht sich fünfmal im letzten Kapitel Maleachis allein, zumindest sechsmal im Neuen Testament und weit über ein dutzendmal im rabbinischen Schrifttum als eindeutige Chiffre auf den verheißenen und sehnlichst erwarteten Erlöser. Ähnliche Begriffe wie *Lechem Haolam Haba*, also »das Brot der kommenden Welt«, und *Lachma de Malchuta*, »das Brot des Himmelreichs«, sind ja beide aus der frührabbinischen Literatur bekannt (Rabbi Joschua Ben Chananja in Gen. Rabba 82 zu 35,17; Ruth Rabba zu 2,14 etc.).

Daß sich *Griechisch* in eine hebräische Liturgie einschleicht, sollte uns nicht allzu sehr erstaunen, sind denn nicht *Synhedrion* und *Synagoge*, zwei der Schlüsselinstitutionen des Judentums, auch griechischen Ursprungs!? Chaim Rabin hat über 150 griechische Sprachwurzeln und Worte aufgezählt, die sich seit dem ersten vorchristlichen Jahrhundert im aramäischen und hebräischen Wortschatz eingebürgert haben.

Zum erstenmal erscheint das Wort *Afikoman* in der Haggada bei den Fragen der *vier Söhne*: des Weisen, des Bösen, des Schlichten und dessen, »der noch nicht zu fragen versteht«. Diese vier Söhne (oder auch »Erztypen«) fragen, jeder auf seine Weise, nach dem Sinn des Festes, und von hier aus entwickelt die Haggada verschiedene Zugänge zur Erkenntnis der Pessachfeier, jeweils angepaßt an das Verständnis jedes einzelnen außer bei dem ersten Sohn. Denn dieser, der Weise, fragt: »Was für eine Bewandtnis hat es mit den Zeugnissen, Gesetzen und Rechten, die der Ewige, unser Gott, euch geboten hat?« Also genau die Frage, die wörtlich im Buche Dt 7,20 formuliert wird und auf die dann eine lange tiefschürfende Antwort im letzten Buch Mose folgt. Nicht so die Haggada. Hier besteht die Hauptantwort aus fünf Worten, die nicht nur der hebräischen Syntax widersprechen, sondern auch so gut wie unübersetzbar sind: »*En maftirin achar hapessach afikoman*«. Dies könnte bedeuten, daß man nach dem Genuß des Pessachopfers nichts mehr zu sich nehmen sollte oder daß man nach dem Pessach-lamm nicht den *Afikoman* verabschieden soll. Klar jedoch ist der Wortlaut auf keinen Fall.

Könnte es sein, daß diese kurze prägnante Schlüsselstelle mit Absicht entstellt oder chiffriert wurde? Was diese Unklarheit noch verblüffender macht, ist die Tatsache, daß dies die Antwort auf eine kluge, allumfassende Frage gerade des weisen Sohnes sein soll. Er will doch die Urgründe, den genauen Hintergrund, den tiefsten Sinn des Pessachfestes erfahren und bekommt als Antwort einen kärglichen Hinweis auf einen nebensächlich anmutenden Volksbrauch. Es scheint fast, als mache sich der Hausherr über seinen weisen Sohn lustig.

Nur wenn man annehmen darf, daß diese lakonische, fast unverständliche Antwort sich auf *den Kommenden*, also *den Messias* bezieht als auf das eigentliche Mysterium des Erlösungsfestes, wird es klar, warum diese schwere Antwort gerade an den Weisen gerichtet ist und warum sie in ihrer Quintessenz das tiefste Wesen des Festes beschreibt. Nun scheint auch der Grund für eine spät-tannaitische oder -amoräische Verdunklung der Messiaserwartung klarer zu werden. Da nach christlicher Typologie Mose als *Vorläufer* Jesu, die Überschreitung des Roten Meeres als *Protobaptisma*, das Manna als *Präfiguration* der Eucharistie etc. gedeutet wurden, ist es so gut wie sicher, daß die Haggada zur Zeit der Frühkirche von Judenchristen und anderen Randgruppen als Beweismaterial für ihre Theologie und Christologie verwendet wurde. Nur durch die hierauf folgende radikale Streichung durch die Rabbinen fast aller Stellen, die einen menschlichen Mittler – sei es nun Mose oder der Messias – erwähnen, konnte es dazu kommen, daß in der ganze zwei Stunden langen Exodusliturgie der Name Mose (oder der des Messias) nur ein einziges Mal vorkommt. Als wollte man den Sieg des Zweiten Weltkriegs feiern, ohne Churchills zu gedenken; oder Israels Befreiungskrieg erzählen, aber Ben Gurion totschweigen. Doch der »Christologen« wegen mußten alle Mittler weichen, um durch wiederholte Betonungen wie folgende ersetzt zu werden: »Der Ewige führte uns aus

Ägypten; nicht etwa durch einen Engel oder einen Seraph oder sonst irgendeinen Abgesandten, sondern der Heilige, gelobt sei er, in eigener Herrlichkeit.«

All dies muß natürlich vor dem Hintergrund eines Liturgietextes gelesen werden, der wahrhaftig von messianischen Hinweisen und Anspielungen strotzt. Um nur einige zu nennen:

1. Der volle Becher am Sedertisch sowie die geöffnete Tür für *Elia*, den Propheten, der Israel die Erlösung verkünden wird, wie Maleachi (4,5) voraussagt: »Siehe, ich sende auch den Propheten Elia, der vor dem großen fürchterlichen Tag des Herrn kommen wird.« Worauf der berühmte Talmudkommentar (zu Hos 12,13) lautet: »Durch einen Propheten – und zwar Mose – hat der Herr Israel aus Ägypten gebracht, und durch einen Propheten – Elia – wird er uns erlösen.« Es ist derselbe erwartete Erlöser Elia, für den – lt. Mt 16,14 – viele Juden Jesus hielten; derselbe Elia, den die unter dem Kreuz stehenden Juden gerufen glaubten, als Jesu letzter Verzweiflungsschrei ertönte: *»Eli, Eli, lama asabtani!«* »Als einige von den Umstehenden das hörten«, schreibt Matthäus (27,47), »sagten sie: Er ruft den Elia!«, da sie anscheinend »Eli« als »Elia« mißverstanden hatten.

2. Der Piyyut (liturgische Dichtung) »Es war zur Mitte der Nacht« enthält die folgende messianische Strophe: »Bring bald den Tag herbei, der weder Tag ist noch Nacht!« (nach Zach 14,7); »Zeig, o Erhabener, vor aller Augen, daß Dein sei der Tag wie die Nacht (...) Deine Hand, o Herr, wird dann siegreich, Deine Rechte erhaben sein, wie in jener Nacht, in welcher von Dir das Pessachfest eingesetzt wurde.«

3. Wozu Rabbi Jehoschua Ben Chananja um 90 n. Chr. kommentiert: *»In dieser Nacht wurden wir gerettet; in dieser Nacht werden wir erlöst werden.«*

4. Was auch Hieronymus dreihundert Jahre später in seinem Kommentar zum Exodus bestätigt: »Es ist die Tradition der Juden, den Messias um Mitternacht (des Pessachabends) zu erwarten – zur selben Zeit, als das erste Pascha in Ägypten gefeiert wurde.« Kein Wunder, daß die Römer am Rüsttage jedes Pessachfestes ihre Besatzungsmacht in Jerusalem wesentlich verstärkten, da sie, wie Josephus Flavius betont, berechtigte Angst vor messianischen Unruhen am Fest der jüdischen Volksbefreiung hatten.

5. Im Schlußpiyyut bittet die Tischgemeinde einstimmig um die versprochene Erlösung:

»Beglück, o Herr, des frommen Jakobs Stamm!
Laß ihn das Pessach Opferlamm
In Zion bald Dir bringen.
Du, Reiner, in des Himmels Höh'n!
Nicht länger laß erniedrigt seh'n
Das Volk, das Du erkoren.
Du hast den Stamm für Dich geweiht,
O öffne nun zu Sang und Freud'
Den Sprossen Zions Toren!«

6. Schließlich besagt der Segensspruch, den alle Tischgenossen beim Genießen des *Afikoman* aussprechen, folgendes: »Ich bin bereit, das Gebot des Essens des *Afikoman* zu erfüllen zu Ehren des Heiligen, gepriesen sei er, und seiner Gegenwart, durch den er verborgen und verhüllt ist, im Namen von ganz Israel.« (*»… al-jedé hahu tamir wene'elam – beschem kol Israel.«*)

Die komplette Liste aller messianischen Hinweise in der Haggada ist viel länger, jedoch können diese sechs Stellen das Rätsel des abgebrochenen Mazzasymbols – das an Hos 7,8 »Ephraim ist ein Kuchen« erinnert – wenn nicht vollends lösen, so dennoch etwas verständlicher machen.

Das *letzte Glied in der Beweiskette* kommt aus dem *Neuen Testament*. Es scheint, daß die Einsetzung der Eucharistie einen jüdischen Pessachritus, der diesem Brotsymbol des *Kommenden* ähnelt, voraussetzt. Die Logik scheint zu bedingen, daß Jesus nicht am selben Abend den Begriff des Genusses einer messianischen Mazza einführen und sich auch sofort darauf mit dieser Mazza selbst identifizieren konnte. Nicht so entstehen im allgemeinen Riten, Gebräuche und Traditionen. Die Zeremonie – irgendeine Zeremonie –, wobei ein Stück Mazza als Hoffnungszeichen auf den bald kommenden Messias gegessen wurde, mußte schon *vorher* bekannt, zumindest in gewissen jüdischen Kreisen verbreitet gewesen sein. Das *Novum*, das Jesus laut christlicher Tradition an jenem Abend einführte, war die Selbstverkündigung durch den *schlichten Hinweis* auf die letzte Mazza des Mahles: »Das ist mein Leib, für euch gegeben.«

Bis zum letzten Abendmahl war der *Afikoman* sozusagen der abstrakte, unbekannte Messias. Als Jesus dann diese letzte Mazza nahm, sie zerbrach und an die Jünger verteilte mit den Worten »Hoc est corpus meum«, war seine *Messianität* für die Zwölf hiermit endgültig enthüllt. Zwei Parallelen scheinen diese Hypothese zu bestärken. In der Didaché finden wir folgendes Gebet: »Wie dieses gebrochene Brot auf den Bergen verstreut war und gesammelt zu einem wurde, so möge die Kirche eins werden.« Das Mahl der Urchristen endete mit der Fürbitte »*Maranatha*« – »Unser Herr, komm!« Und Paulus sagt ähnlich: »Das Brot, das wir brechen, ist es nicht Gemeinschaft mit dem Leib des Christus (= Messias)? Denn wir, die *viele* sind, sind *ein* Brot und *ein* Leib« (1 Kor 10,17). Es scheint also, daß Pessach und Ostern nicht nur sinnverwandte Feste sind, sondern auch der jüdische *Afikoman* als Vorläufer der christlichen Eucharistie gelten könnte.

Die Passion Jesu –
Sühnetod oder Justizmord?

»Jesus aber stieß einen lauten Schrei aus und verschied.« Mit dieser brutal-realistischen Feststellung (Mk 15,37) schließt der Duktus des ältesten Evangeliums. Hiermit endet auch der Leidensweg jenes Mannes aus Galiläa, der in der Blüte seiner Jahre den grausamsten Tod erlitt, den die römische Blutjustiz jener Tage sich auszudenken wußte. Warum starb dieser fromme Jude, der von vielen seiner Landsleute als Mann Gottes geliebt und bewundert worden war, so elend und so einsam wie der letzte Verbrecher?

Dieses Skandalon der Kreuzigung eines Gerechten, das jedem Sinn für elementarste Gerechtigkeit Hohn spricht und den Glauben an einen gütigen Gott Lügen zu strafen scheint, steht im Mittelpunkt aller vier Evangelien. Ja das *ganze* Neue Testament ist im Grunde nichts anderes als ein einziges grandioses Bemühen, dem schmählichen Tod Jesu eine Heilsbedeutung abzuringen. Dieser Bericht wäre nie geschrieben worden, gäbe es nicht das quälende Rätsel der himmelschreienden Passion des Jesus von Nazareth. Daß dieser so sinnlos und nutzlos erscheinende Qualentod ursprünglich mit solch schlichten und trostlosen Worten beschrieben werden konnte, spricht sowohl für die Redlichkeit als auch für die Glaubenskraft der ersten jüdischen Tradenten. Denn so brutal-konkret kann nur ein geschworener Feind Jesu sein Lebensende beschreiben – oder aber Männer, die zutiefst überzeugt sind, daß dieses jämmerliche Verscheiden des Nazareners nicht das letzte Wort Gottes war noch ist – allem Augenschein zum Trotz. In ihrem verzweifelten Ringen mit dem Mysterium des Kreuzes – und dem Ärgernis ihres eigenen Versagens – kam es in der Urgemeinde der Jesuaner in Jerusalem zu drei Antworten, alle drei der Schrift entnommen, die später auf griechisch weitergeglaubt und vertieft worden sind:

Jesus starb vergeblich – das war die Antwort der Pragmatiker, die die Schuld auf sich nahmen und lautlos resignierten.

Jesus wollte sterben – so sagten die treuesten seiner Nachfolger, die seine Selbstlosigkeit kannten und ihr eigenes Überleben seiner Aufopferung zuschrieben.

Jesus mußte sterben – das war die Lösung der Heilsdurstigen, die seinen Tod weder als Scheitern noch als Schlußpunkt, sondern als Krönung all seines irdischen Strebens verstehen wollten und letzten Endes auch zu erfassen vermochten.

Der »leidende Gottesknecht«?

All dies genügte jedoch den jüdischen Himmelsstürmern in ihrer Sinnsuche keineswegs. Und so kam es zu jener später in einem neuen Credo gipfelnden Aussage, die binnen einem halben Jahrtausend das Abendland zum Gott Israels geführt hat. Diesen klassischen Ausdruck der christlichen Heilslehre finden wir im vierten Evangelium, das dem Leiden und dem Tode Jesu universalerlösende Heilskraft zuschreibt – sowohl als göttliches »Muß« als auch als Jesu freiwillige Annahme der himmlischen Fügung: »So sehr hat Gott die Welt geliebt, daß er seinen eingeborenen Sohn dahingegeben hat, damit jeder, der an ihn glaubt, nicht verloren gehe, sondern ewiges Leben habe« (Joh 3,16). Es ist anzunehmen, daß in der ursprünglichen (hebräischen) Aussage der Urgemeinde vom leidenden »Gottesknecht« (Jes 53) die Rede war, der dann, viel später auf griechisch, als »pais« übersetzt wurde – eine Vokabel, die sowohl »Knecht« als auch »Sohn« bedeuten kann und semantisch konsequent zur Sohneschristologie führen konnte. Fest steht, daß Jesus selbst sich in zahlreichen Selbstaussagen als lehrender, predigender und zuletzt auch als leidender »Knecht Gottes« verstanden hat, so daß eine sprachliche Brücke vom »gehorsamen Knecht« (Phil 2,7–8) zum »geliebten Sohn« (Mt 1,11) zu führen vermag.

Es ist ein Satz von bestechender Schönheit, sowohl moralisch-

56

ethisch als auch theologisch, der eine Antwort auf die tiefste Heilsnot vieler Menschen gibt oder zu geben versucht. Der Gedanke ist jüdisch im Ansatz, unjüdisch jedoch darin, daß er resolut bis zur äußersten Konsequenz jener urbiblischen Grundaussage der Hebräischen Schrift weiterdenkt: daß die Gnadenliebe Gottes keine Schranken kennt. Anders gesagt: Für die meisten jüdischen Ohren widerspricht er einer dreitausendjährigen Gotteserfahrung. Kurzum, er klingt zu *schön*, um *wahr* zu sein. Und so kam es dazu, daß dieses neu errungene Leidensverständnis einen Graben zwischen Juden und Judenchristen aufriß, da es so ganz und gar den überlieferten hebräischen Gottesvorstellungen zu widersprechen schien. Und so führte diese vierte Passionsdeutung binnen drei Jahrzehnten zum Bruderzwist, dann zum Auseinandergehen der Wege und letztlich zum Bruch. Es war ein Bruch der Leidenschaft, der Leid nicht überwindet, sondern neues Leiden schafft – und dennoch ist es ein Bruch, der nicht ganz unüberbrückbar bleiben muß, wie ich meine.

Denn auch die gläubige Deutung der Passion als stellvertretender Sühnetod gehört zu jener Überlieferung des alten Israels, die auf dem Grundgedanken der Allmacht Gottes über Leben und Tod fußt sowie auf der fraglosen Zuversicht auf Gottes letztgültige Gerechtigkeit. Ein Volk, das Leiden und Erwählung so oft als eng verwandt erfahren hatte, konnte schon zu Makkabäerzeiten sagen: »Wen Gott liebt, den läßt er leiden und hat dennoch Wohlgefallen an ihm wie ein Vater am Sohn« (vgl. Spr 3,11 f.). Von dieser Wahrheit bis hin zur Verknüpfung von Messianität und Martertod war für so manchen Juden nur ein kurzer Schritt. Es war die uralte Vorstellung, daß »er unsere Schmerzen auf sich lud«, so daß »wir durch seine Wunden geheilt sind«, die zu einer trostspendenden Deutung des »Leidenden Gottesknechtes« führen konnte. Und so gelang es jener jüdischen Jüngerschar vor fast zwei Jahrtausenden, den Tod ihres Meisters als Übergang, sein Kreuz als Prüfstein und seine Selbsthingabe als Angeld der Liebe auf das ewige Leben auszulegen.

Eine durchaus jüdische Deutung, die ihnen den Mut gab, Golgatha zu überwinden, am Scheitern neu das Hoffen zu erlernen – und den Glauben an den Gott Israels bis an die vier Enden der Welt zu tragen. Vielleicht kann sie auch hilfreich sein, um dem »Golgatha unserer Zeit«, wie Papst Johannes Paul II Auschwitz benannte, einen weiterführenden Sinn abzuringen.

Erlösung durch ein Menschenopfer?

Denn um die Liebe Gottes geht es letzten Endes sowohl den Juden wie auch den Christen. Juden jedoch können eine solche Liebe mit einem Menschenopfer nicht in Einklang bringen. Christen hingegen sehen im Opfertod Jesu den höchsten Liebeserweis Gottes.

Ein und dieselbe Liebe ist es, jedoch zwei ganz verschiedene Liebesverständnisse.

Für das Judentum gilt seit der Glaubensprobe Abrahams, die ihn bis an den Rand des Sohnesmordes brachte, eher eine andere Bibelwahrheit, die man im johanneischen Stil folgendermaßen formulieren könnte:

So sehr hat Abraham Gott geliebt, daß er seinen eingeborenen Sohn dahinzugeben bereit war, auf daß alle, die ihm im Glauben nachfolgen, wissen und bekennen mögen, daß die Liebe Gottes kein Menschenopfer fordert. Die klassische Antwort des normativen Judentums zur sogenannten Heilstod-Doktrin der Kirche steht in einem uralten Midrasch. Sie stammt aus dem Munde eines Talmudmeisters und wurde höchstwahrscheinlich während eines Dialogs mit einem Kirchenvater des dritten Jahrhunderts gegeben, als die Brüder Jesu und seine Heidenjünger noch mehr oder minder friedlich zu diskutieren pflegten. Er stellt der Kirche die Frage: »Wenn der Gott der Liebe und der Barmherzigkeit es vor Schmerz schon nicht ansehen konnte, daß Abraham seinen Sohn schlachten wollte (...), hätte er es zulassen können, daß man seinen eigenen Sohn dahinmordete, noch dazu in der grausamsten, unmenschlichsten

Weise auf Erden?« (Siehe Martin Buber (Hg.), Aggadat Bere-schit, Wilna 1925, S. 31).

Daß Gott eines Menschenopfers bedarf, um seine eigene Schöp-fung mit sich selbst zu versöhnen, daß er, der Weltenherr, ohne Blutopfer keinen Menschen zu rechtfertigen vermag, das ist für Juden ebenso unbegreiflich wie bibelwidrig. Denn zweimal be-tont die Heilige Schrift: »Menschenopfer sind mir ein Greuel, spricht der Herr« (vgl. Lev 18,21–30 und 20,1–5). Was für ein Gott ist das, so argumentieren viele Juden, der ja sagen kann zu den sadistischen Todesqualen seines Kindes, ja, der sogar diese bestialische Peinigung erwirkt, nur um die rein heidnische Tor-tur der Kreuzigung anzunehmen: als stellvertretende Entsüh-nung, wie Paulus behauptet (vgl. 2 Kor 5,15 f., Gal 3,13 und Röm 3,25); als Beschwichtigungsopfer des Zornes Gottes nach Rö-mersitte, wie Augustinus es darstellt; als Loskauf vom Teufel in einer Art von Tauschgeschäft zwischen Gott und Satan, wie Ori-genes es will; oder als feudale Genugtuung und Schuldenbezah-lung, wie Anselm von Canterbury es in seiner Satisfaktionslehre zu beweisen sucht? (Cur Deus homo I,24)

Wie kann Jesu Sühnetod »ein Opfer sein, Gott zum lieblichen Wohlgeruch« (Eph 5,2), wenn Gott uns durch Prophetenmund mahnt: »Denn ich habe Lust an Liebe und *nicht* am Opfer, an der Erkenntnis und *nicht* am Brandopfer!« (Hos 6,6)? Oder wie Jesaja es im Namen seines Herrn verkündet: »Was soll mir die Menge eurer Opfer! spricht der Herr. Ich bin satt der Brandopfer (...) Lernet Gutes tun, trachtet nach Recht!« (Jes 1,11 und 17) Läuft denn nicht die nachdrückliche Kritik an allen Schlacht-opfern wie ein roter Faden durch die gesamte Prophetie im bib-lischen Israel? (z. B. Am 5,21 ff.; Jer 7,21 ff.; 1 Sam 15,22 etc.) Heißt es nicht auch in diesem Sinne in Psalm 50:
»Ich mag nicht den Stier aus deinem Hause noch Böcke aus deinen Hürden. Mein ist ja alles Getier des Waldes (...) Sollte ich das Fleisch von Stieren essen und das Blut von Böcken trinken? (...) Wer Dank opfert, der ehrt mich, und wer unsträflich wan-delt, den lasse ich schauen mein Heil« (Ps 50,9 f. 13,23).

Und ist der gnostische Gedanke des Tauschgeschäftes zwischen

Gott und dem Teufel bzw. der von einer listigen Überrumpelung des Teufels durch den Herrn der Welt, den Origenes auf den Tod Jesu überträgt, keine lästerliche Verzerrung des einen wahren Gottes? (vgl. H. Kessler, Erlösung als Befreiung. Düsseldorf 1972, S. 13 f.) Der extreme Juridismus der Satisfaktionsvorstellungen läßt Anselm von Canterbury sagen: »Sündennachlaß darf nicht erfolgen, es sei denn, die Schuld wird bezahlt« (Cur Deus homo I,24). Hier erscheint der Martertod Jesu, an dem Gott angeblich Gefallen findet, eher als eine kaltblütige Transaktion denn als gütiges Heilshandeln des Gottes der Liebe und der Barmherzigkeit.

Es nimmt daher nicht wunder, daß das apostolische Glaubensbekenntnis nichts vom irdischen Wirken Jesu weiß, da es von seiner Geburt sofort zu seinem Tode eilt, denn »nur weil er sterben sollte, konnte es ihn überhaupt geben«, wie Anselm sagt (Cur Deus homo II,16).

Die gesamten 33 Erdenjahre Jesu, all sein Streben und Predigen, sein Lehren und Bekehren werden hiermit totgeschwiegen, um einer »Drei-Tage-Theologie« zu weichen, die eigentlich nur die Inkarnation, die Passion und die Auferstehung als theologisch relevant anerkennen will. Dahinter verbirgt sich aber die Absicht, alle Bindungen Jesu an sein gebürtiges Judentum, sein frommes gottergebenes Judesein und seine selbstlose Liebe für ganz Israel auszuklammern und abzulehnen. Was übrig blieb, ist eine desinkarnierte Lichtgestalt, deren Leben vergleichgültigt und deren Leiden verherrlicht werden konnte. Im Bekenntnis der Kirche kam Jesus zur Welt, er litt, starb und wurde begraben – aber gelebt hat er eigentlich nicht. So wird die grausame Passion dann nicht nur zur dogmatischen Notwendigkeit, sondern auch zur »Versöhnungstat« (vgl. Röm 5,10 f. und Koll 1,21 f.) und zum gottgewollten Menschenopfer (vgl. Röm 3,25) eines Gottessohnes, der *nur* zur Welt kam, um elend zu sterben.

Ist dieser Gott noch derselbe Gott Abrahams, Isaaks und Jakobs, der das Morden nachdrücklich verbietet, der die Nächstenliebe der Gottesliebe gleichstellt und der uns so eindringlich die Heiligkeit alles Menschenlebens einschärft? Man kann es in den Worten des Dominikanerpaters Gonsalv Mainberger ausdrücken, der in seiner Karfreitagspredigt 1968 in der Hofkirche in Luzern sagte:

»Erlöserliebe des Vaters? Ja, einverstanden. Das Kreuz Jesu? Einverstanden. Aber beides miteinander? Nein. Es ist nicht einzusehen, wie ein Vater, der Gott ist, seinen Sohn leiden lassen kann bis übers Kreuz« (Freiburger Rundbrief 20 [1968], S. 84–88). Kurzum: Der Pater ist willig, sowohl an Gottes Güte als auch an Jesu selbstlose Opferbereitschaft zu glauben. Es ist aber das Junktim der beiden, das ihm – und nicht nur ihm – nicht einleuchten will.

Sieht man tiefer, erkennt man, daß Gott in vielen Heilslehren des christlichen Mittelalters unwissentlich zum zweifachen Sadisten umgedeutet worden ist: Er läßt zunächst seine Menschheit schuldig werden – bis hin zur angeblichen Erblichkeit der Adamsschuld –, worauf er dann den Qualentod seines Sohnes verlangt, um sich mit der sündigen Menschheit, die er schuf, zu versöhnen. All dies geschieht eigentlich nur, um den Urzustand *vor* dem Sündenfall wiederherzustellen. Denn der Kreuzestod Jesu erwirkt im Grunde nichts Neues, sondern lediglich die Restauration des ehemaligen »Rechtsverhältnisses« zwischen dem erzürnten, beleidigten Herrscher-Gott und seiner ungehorsamen Menschheit. So dachten die meisten Juden seit dem zweiten Jahrhundert, wenn sie hörten, daß die Passion als gottgewolltes Leiden eines frommen Juden zur Mitte der christlichen Heilsgeschichte erhoben worden ist. Und dann kam die große Gottesfinsternis, in der allzuviel von dem, was teuer und unersetzlich ist, in Staub und Asche aufgegangen ist. Weder gläubige Juden noch gläubige Christen sind mit dem Grauen des Völkermordes in unseren Tagen fertig geworden – weder geistig noch seelisch und schon gar nicht theologisch. Oder liegt vielleicht gerade in dieser Sintflut von Haß und Blutvergießen ein Denkanstoß zur Neubesinnung, der uns weiterhelfen könnte? Ein Funke aus dem Feuerofen, der neue Hoffnung zu entzünden vermag?

An Gott glauben nach Auschwitz?

Seit Auschwitz sind wir alle demütiger und nachdenklicher geworden. Denn in jenem Massengolgatha sind viele Vorstellungen vom »lieben Gott«, vom »allmächtigen Gott« und vom »gerechten Richter-Gott« ins Wanken geraten. Gott, der gütige Großvater mit dem langen weißen Bart, ist für so manchen nicht mehr da. Gott, der ehrwürdige Buchhalter, der täglich gute und böse Taten verrechnet, ist für viele nicht mehr ansprechbar. Gott, das weiche Federkissen, auf dem sich nachts gut schlafen läßt, ist nun für viele nicht mehr wirksam. Vollends vorbei ist es mit dem Bild des Lückenbüßer-Gottes, der für alles herhalten mußte, was der Mensch nicht begreifen noch bewältigen kann. Doch nicht nur die Krücken-Götter der Schwachen sind dahin. Auch einige der altehrwürdigen Gottesvorstellungen von Christen und Juden sind brüchig geworden. In seiner »Vierten Rede über das Judentum« schrieb Martin Buber 1952: »In dieser Zeit wird gefragt und gefragt: Wie ist nach Auschwitz ein jüdisches Leben möglich? Wie ist in einer Zeit, in der es Auschwitz gibt, noch ein Leben mit Gott möglich? Die Unheimlichkeit ist zu grausam, die Verborgenheit zu tief geworden« (Hinweise, Zürich 1953).

Zu Bibelzeiten gelang es den Propheten, alles Heil, Glück und Wohlergehen des Volkes der unverdienten Gnadenliebe Gottes zuzuschreiben, während alles Leid, Elend und Unheil, alle Niederlagen, Zerstörungen und Verbannungen als wohlverdiente Strafen Gottes für die Sünden Israels gedeutet wurden. Diese fromme Selbstkritik galt auch für die Epochen des Zweiten Tempels, seiner Vernichtung und der römischen Unterjochung vom Kaiserreich des Titus bis zur konstantinischen Reichskirche. »Warum wurde das Heiligtum in Jerusalem zerstört?« So fragen die Meister des Talmuds – und antworten mit einem Chor von Selbstanklagen, die allesamt die Schuld auf sich nehmen, um die volle moralische Verantwortung auf die eigenen Schultern zu laden. In den Worten Daniels (9,5 ff.), die wie eine Zusammenfassung aller Sündenbekenntnisse der Synagogenliturgie klingen: »*Wir* haben gesündigt und Unrecht getan, *wir* sind gottlos gewesen und sind abtrünnig geworden (...) Darum trifft *uns* auch der Fluch, den der Herr geschworen hat (...) Denn der Herr, unser Gott, ist gerecht in all seinen Werken, die er tut.«

Diese demütig-fromme Zweiteilung aller Geschichtserfahrung hat ihre Auswirkungen bis heute in gewissen Kreisen des gläubigen Judentums, die auf diese Weise versuchen, das Trauma Auschwitz zu bewältigen. Etliche andere Schulen im zeitgenössischen Judentum rechten mit Gott, wie Abraham und Hiob es einst taten.

Andere hingegen suchen Gott hinter der großen Wetterwolke, im Zwiegespräch, in der Anklage oder in der Selbstbehauptung – häufig, ohne ihn zu finden. Weite Kreise jedoch wenden ihren suchenden Blick zurück auf diese Erde, um aufzuschreien: Wo war der Mensch zur Zeit der großen Heimsuchung? Derselbe Träger von Gottes Ebenbild, der zur täglichen Freiheit der Wahl bestimmt ward zwischen Gut und Böse, Segen und Fluch, Leben und Tod? Doch diese noch unfertige Suche nach jüdischen Antworten auf das Rätsel der Theodizee und dem Mysterium der Anthropodizee soll anderswo erörtert werden. Übriggeblieben sind den meisten unserer Zeitgenossen der *Deus absconditus*, der verborgene, unerforschliche Gott und sein unauslotbares *mysterium tremendum*, das alle zünftige Gotteswisserei lächerlich macht. Nicht nur Hiob fragt voller Verzweiflung, warum Gott »sein Antlitz verbirgt« (Hiob 13,24). Dieser vorwurfsvolle Aufschrei durchzieht auch viele Psalmen (z. B. Ps 13,2; Ps 44,25; Ps 88,15).

Kann man den abwesenden Gott noch loben, auch wenn seine Größe tödlich furchtbar ist? Auch wenn die Merkmale seiner Abwesenheit und seine stumme Selbst-Verbergung zum Bollwerk der Atheisten geworden sind? Nur die Mystiker finden Geborgenheit sogar in der Verborgenheit Gottes. Der einfach Gläubige bedarf eines Zeichens des göttlichen Beistandes, und mag es auch so leise wie die Stimme des verschwebenden Schweigens sein, die Elia einst am Berge Horeb vernahm.

Nicht das Dasein Gottes, sondern sein ansprechbares Du-Sein ist für den Glauben lebensnotwendig. Rabbi Irving Greenberg fordert deshalb mit Recht eine Revolution in unserem religiösen Denken (vgl. Judaism and Christianity after the Holocaust, in: Journal of Ecumenical Studies, 12 [1975], S. 545 ff.). Rabbiner A. Lelyveld nimmt an, wir müßten einige Aspekte der göttlichen Allmacht, wie wir sie herkömmlicherweise verstanden haben, aufgeben (vgl. Die theologische und moralische Problematik der Vernichtung des europäischen Judentums, in: EvTh 36 [1976], S. 406–426). Rabbiner Elieser Berkowitz schreibt: »Gottes Herrschaft über die Welt ist nicht immer von Gerechtigkeit geprägt« (in: Faith after the Holocaust. New York 1973, S. 130).

»Theopathie« oder ein paradoxer Gottesbegriff

An welchen Gott können wir nach Auschwitz noch glauben? Sicherlich nicht an einen triumphalen Herrscher-Gott, der im Himmel thront und dem wir als Knechte blindlings unterworfen sind. Im Talmud lesen wir: »Mosche sprach: ›Der große, mächtige und furchtbare Gott‹ (Dtn 10,17). Später kam Jeremia (nach der Ersten Tempelzerstörung) und sprach: ›Die Heiden zertrümmern das Heiligtum. Wo sind da deine Furchtbarkeiten?‹ (Jer 32,16 ff.). Und er sagte daher nicht mehr im Gebet ›Der Furchtbare‹. Hierauf kam Daniel (zur Zeit der Unterjochung durch Antiochus IV Epiphanes) und sprach: ›Die Heiden peinigen seine Kinder – wo ist da seine Macht?‹ (Dan 9,4–19). Er sagte daher (von Gott) nicht mehr im Gebet ›Der Mächtige‹. Was gab ihnen den Mut zu ändern, was Mosche angeordnet hatte? Sie wußten, daß der Herr ein Gott der Wahrheit ist, der keine falschen Lobpreisungen will« (Joma 69 b).

Rabbiner Abraham J. Heschel spricht von einem »anthropopathischen Gott«, der seine Allmacht begrenzt, um den Menschen frei zu machen (The Prophets, II, New York 1962, S. 48–58).

Die Talmudmeister erfuhren ihren Schöpfer nicht als allmächtigen Herrscher, sondern vor allem als Vater-Gott, der mit Israel ins Exil zieht (Megillah 29a), der um den zerstörten Tempel trauert (Berachot 3a), der Mose selbst begräbt (Sota 9b) und der wie ein Diener vierzig Jahre lang seinem Volk in der Wüste die Fackel voranträgt (Mechilta 47 zu Ex 13,21) und schließlich als einen Gott, der den Menschen braucht, weil er in ihm auf Erlösung hofft (p Sukka IV, 3). Das ist kein Auschwitztrauma, sondern geht auf einen alten Midrasch zurück, der auf derselben messianischen Stelle (Sach 9,9) fußt, die Matthäus (21,4ff.) zitiert, um den Einzug Jesu in Jerusalem biblisch zu untermauern. Der Prophetenspruch ist ein *locus classicus* für eine fast kanotische Deutung Gottes, die in der absichtlich falschen Übersetzung der griechischen Septuaginta verlorengegangen ist, da sie zu jener Zeit für viele Juden wie eine Gotteslästerung anmuten mußte. Im Urtext steht aber nichts von »deinem König, der zu dir kommt, ein Gerechter und ein Helfer«, wie die Septuaginta liest, sondern: »ein Gerechter und ein *Erlöster*« (Zaddik we-Noscha – im Passivum), was Rabbi Abbahu schon im dritten Jahrhundert dazu bringt, zu kommentieren: »Ich will Euch die Erlösung Gottes zeigen. Denn nicht um die Erlösung Israels geht es hier, sondern um die Erlösung Gottes. Die Erlösung ist dein, Herr, wie auch die unsere.« (Jalkut Schimoni II, 577). Rabbi Abbahu meint hiermit, Gott lasse sich mit Israel – oder inmitten seines Volkes – *miterlösen*. Beide hängen also voneinander ab, wie die Kabbalah es häufig betont.

Rabbi Isaak Luria Aschkenasi, der große Kabbalist, der im 16. Jahrhundert in Safed lehrte, sah im Exil der Juden ein Symbol der Verbannung, die das ganze Weltall charakterisiert. Alles – sogar Gott – war im Exil; nichts in der Schöpfung war vollendet oder makellos, denn Gott überließ sein Werk, das er begonnen hatte, der Menschheit zur Vervollkommnung. An uns liegt es, so folgerte er, die Welt zu veredeln und zu läutern, um Gott aus dem Exil heimzuholen (vgl. G. Scholem, Die Jüdische Mystik in ihren Hauptströmungen. Frankfurt/M. 1967, S. 267–314).

Im Philipperbrief heißt es von Jesus: »Er erachtete die Gottes-
ebenbildlichkeit nicht als Beutestück, sondern er entäußerte
sich selbst, nahm Knechtsgestalt an und ward den Menschen
gleich (...) Er erniedrigte sich selbst und wurde gehorsam bis
zum Tode (...), deshalb hat Gott ihn erhöht« (Phil 2,6 ff.). Dieses
christliche Dogma der sogenannten *Kenosis*, als Selbstentäuße-
rung Gottes, wurde im dritten Jahrhundert zum theologischen
Rubikon, den kein Jude zu überqueren bereit war, da es dem
Herrscher-Gott und dem Vater-Gott Israels so diametral zu widersprechen schien. Und dennoch ist diese Gottesvorstellung
(oder besser: Gottes-Sohn-Vorstellung) im Grunde nur eine
Weiterführung oder Verdichtung der hebräischen Heilserfah-
rung, welche die Zuwendung Gottes in Liebe auf seine Menschheit hin als die Grunddynamik aller Heilsgeschichte versteht.

Im Wochenabschnitt der Toralesung, wo vom Auszug aus
Ägypten die Rede ist (Ex 10 ff.), lernen wir von Gott, daß das
Leid der Menschen *sein* Leid ist und daß unser Kampf um die
Gerechtigkeit auch *sein* Kampf ist. »Eine Nacht des Wachens
war diese für Gott, um sie aus Ägypten hinauszuführen«, und
diese geweihte Nacht ist »ein Wachen *für* alle Kinder Israels«,
wie es in Ex 12,42 heißt. Um ein wachsames, mitfühlendes Sor-
gen Gottes um seine Kinder geht es also. Wäre es nun nicht
denkbar, diese unerschöpfliche Gnadenliebe anstatt mit dem
traditionellen Herrscherbild des Königtums Gottes zu verbinden, mit dem eines paradoxalen Gottes zu assoziieren, der groß
genug ist, um sich klein zu machen; frei genug, um sich zu binden; ein Gott, der an den Menschen glaubt, auch wenn dieser
ihn verleugnet, allmächtig auch in seiner sich selbst auferlegten
Ohnmacht – ein Gott der »Sympathie« im Doppelsinn dieses
Wortes, nämlich ein Gott, der aus seinen unerforschlichen
Gründen mitzuleiden und mitzulieben bereit ist.

Bei Paulus, dem Rabbi von Tarsus, lesen wir, daß »die göttliche
Schwachheit stärker ist als die Menschen« (1 Kor 1,25) und daß
Gott, »was schwach ist vor der Welt, erwählt hat, damit er das
Starke zuschanden mache« (1 Kor 1,27). Heißt es doch in der
Offenbarung, die Mose zuteil wurde: »Nicht hat euch der Herr

angenommen und erwählt, weil ihr größer wäret als alle Völker, denn du (Israel) bist das kleinste unter allen Völkern, sondern weil er euch geliebt hat« (Dtn 7,7).
Drei Ansätze im jüdischen Nachsinnen über Gott weisen den Weg in diese Richtung einer »Theopathie«:

1. In der kabbalistischen Lehre vom *Zimzum* zieht sich Gott, der »alles in allem« ist, wie wir es auch bei Paulus finden (1 Kor 15,28), gleichsam in sich selbst zurück, um dadurch einen Freiraum zu schaffen, in dem sich das Weltall durch die Selbstbescheidung Gottes stufenweise entfaltet. Nur dieser »Rückzug« Gottes, der sich selbst gleichsam eine Begrenzung auferlegt, ermöglicht also den Prozeß der Schöpfung, durch den sich Gott aus Liebe ein »Gegenüber« gab: die Menschheit, die ganz anders ist als Gott und dennoch sein Ebenbild trägt. So stehen Schöpfung und Leiden in geheimnisvoller Entsprechung zueinander. Denn Gott hat erschaffen, wie die jüdischen Mystiker sagen, indem er entsagte und sich verbarg. Und so ist alles, was er für die Menschen tat und tut, ein unaufhörlicher Selbstverzicht, eine unentwegte Selbstverleugnung, eine fortdauernde *Liebespassion* unseres Vaters im Himmel.
Auch diese Deutung ist im Glaubensgut Israels beheimatet.

2. Ähnlich ist die chassidische Lehre, der *Hitbatlut*, vom Selbstverzicht Gottes: – ein Gott, der uns in selbstloser Weise eine »imitatio hominis« vorleben will, um uns zur *imitatio Dei* anzueifern. »Wie er Nackte kleidete, wie geschrieben steht: ›Er, Gott, machte Adam und seinem Weibe Röcke aus Fell und kleidete sie‹ (Gen 3,21) – so sei auch du: Kleide die Nackten! Er besuchte die Kranken, wie geschrieben steht: ›Er ließ sich von ihm (nämlich Abraham, als dieser drei Tage nach der Beschneidung Schmerzen hatte) an den Steineichen von Mamre schauen‹ (Gen 18,1) – so sei auch du: Besuche die Kranken! Er tröstete die Trauernden, wie geschrieben steht: ›Es geschah nach Abrahams Tod, da segnete Gott Isaak, seinen Sohn‹ (Gen 25,11) – so sei auch du: Tröste die Trauernden!« (Sota 14a).

3. Schließlich seien die zahlreichen Midraschim von der *Anwe-tanut*, der Herablassung Gottes, erwähnt. Von ihr heißt es nach Jes 63,9 in der Lesart der Pharisäer: »In all ihrem Leid geschah auch ihm Leid« (Mechilta de Rabbi Simon Bar Jochai 34).

Laut Ps 91,15 sagt Gott nach derselben Lesart: »Zusammen mit Israel bin ich im Leid« (Mechilta a. a. O.), und nach Ps 22,9 erlaubte er dem Menschen, seine Schuld auf ihn abzuwälzen, »denn Gott wird sie tragen« (Midrasch Tehillim. Wilna 1891, S. 192). Ja, nach einer Lehrmeinung etlicher Rabbinen beginnt diese Selbstherablassung Gottes schon im ersten Kapitel der Bibel: »Und Gott schuf den Menschen zu seinem Ebenbild.« Welch größeren Selbstverzicht Gottes kann es geben, so wird gefragt, als einem Klumpen staubiger Erde sein göttliches Ebenbild zu verleihen? (M. Kascher, Torah Schelema, Jerusalem 1953, S. 64 zu Gen 1,27).

In den Worten von Franz Rosenzweig, einem großen Dulder und Denker im Judentum: »... (In der Schechina) scheidet sich Gott selbst von sich. Er gibt sich weg an sein Volk. Er leidet sein Leiden mit, er zieht mit ihm in das Elend der Fremde (...) In der Mystik der Offenbarung ist jenes tiefsinnige Verständnis, daß in Gottes Selbsthingabe an Israel ein göttliches Leiden geschieht (...) und in Israels Selbstabscheidung zum Rest ein Wohnungwerden geschieht für den verbannten Gott (...) Gott selbst, indem er sich an Israel ›verkauft‹ und sein Schicksal mitleidet, macht sich erlösungsbedürftig. Das Verhältnis zwischen Gott und dem Rest (Israels) weist so in diesem Leiden über sich selbst hinaus« (Der Stern der Erlösung. 1928^2, S. 192 f.).

Die Selbsterniedrigung Gottes

Daß die Majestät Gottes und seine Selbstherablassung kein Widerspruch im Bereich des Glaubens sein muß, bezeugt die berühmte Talmudstelle, die auch Eingang in die Synagogenliturgie gefunden hat: Rabbi Jochanan sagte: An jeder Schriftstelle, an der du die Macht des Heiligen, gepriesen sei er, findest, da findest du gleich daneben seine Selbsterniedrigung. Das wird in der Tora beschrieben, in den Propheten wiederholt und in den Schriften (Hagiographen) ein drittes Mal gebracht: In der Tora heißt es: »Denn der Herr, euer Gott, ist der Gott aller Götter und der Herr aller Herren« (Dtn 10,17), und anschließend steht geschrieben: »Der da Recht schafft dem Waisen und der Witwe« (Dtn 10,18).

Wiederholt wird es in den Propheten: »So spricht der Hohe und Erhabene, der da ewig thront und dessen Name heilig ist« (Jes 57,15) – und anschließend lautet es: »Und der dennoch bei dem weilt, der demütig und zerknirschten Geistes ist« (Jes 57,15). In den Schriften wird es ein drittes Mal bekräftigt, da ja geschrieben steht: »Bereitet (den Weg) dem, der im höchsten Himmel einherfährt« (Ps 68,5) – und darauf unmittelbar: »Vater der Waisen und Richter der Witwen« (Ps 68,6; Megilla 31 a).

Wenn Gottes mannigfaltige Selbsterniedrigung nur Liebeserweise am Menschen bewirkt, mögen dann nicht auch die Leiden an dieser Welt ein Hinweis auf die Liebe Gottes sein? Wie ungern der Vater (Gott) den Sohn (Israel) bestraft, betonen die Kabbalisten häufig. So heißt es z. B. bei Mosche Cordovero (1522–1570): »Geschehe, was da will, Israel sind seine Kinder, von denen Gott spricht: Strafe ich sie, so ist doch ihr Schmerz meiner« (Die Palme Deborahs, Kapitel 4). Wenn Gott die Bedrückten bevorzugt und von den Verfolgern das Blut der Verfolgten fordert (vgl. Lev XXVII), wenn er Israel »im Glutofen des Elends prüft und läutert« (vgl. Jes 48,10), dann mögen die Leiden auch einer der gottgewollten Wege zur Erlösung sein. So sieht die rabbinische Geschichtsdeutung einen Kausalzusammenhang zwischen Israels Passion und seiner Mission: »Israel ist wie ein Ölbaum: Seine Ernte ersteht unter Druck und in der Zermalmung. Ebenso wird seine Erlösung nach seinen Leiden kommen« (Menachot 53b). Wie Gott *wegen* Israel und *mit* Israel leidet und wie beide durch das gemeinsame Leid innig verbunden sind und miteinander auf die Erlösung hoffen, so mögen die Leiden Gottes, die er uns vorlebt, das »Lösegeld«

sein, durch das Israel Erlösung finden wird (vgl. Rabbi Ammi, in: Midrasch Tanchuma zu Achare-Mot 12).

In der Bandbreite jüdischer Glaubensreaktionen auf das Rätsel des Leidens gibt es so manche, die mit Gott hadern, andere, die es als Fügung annehmen, etliche, die resigniert verstummen, aber auch eine vierte Schule meldet sich zu Wort, die unentwegt im Leiden einen konstruktiven Sinn zu finden entschlossen ist: »Die Leiden der Gerechten haben Sühnekraft« (Sabbath 33b); »Der Tod der Bewährten entsühnt genau wie das Schuldopfer« (Moed Katan 28a); »Die Gerechten sind die Sühneopfer für die sündige Welt« (Sohar I,65 Perek über Noach); »Jeder, der sich über Leiden freut, die über ihn kommen, bringt Heil in die Welt. Denn es heißt: Durch sie wird die Welt geheilt« (Taanith 8a). In diesem Sinne heißt es auch von Mosche, er sei »im Tal gegenüber Beth-Peor« begraben worden (Dtn 34,6), dem Ort, an dem sich Israel des Abfalls von Gott schuldig gemacht hatte (Num 25,1–9). So kann der Talmud vom »Sühnetod Mosis« sprechen, dessen Begräbnisstätte gleichsam als Entsühnung für die Missetat seines Volkes gedeutet wird (Sota 14a). Auch die Dornenkrone Jesu hat ihre rabbinischen Wurzeln in jenem uralten Midrasch zur Dornbusch-Offenbarung, wo es heißt: »Gott rief Mosche aus dem Dornbusch zu« (Ex 3,4). Dem fügt die mündliche Überlieferung hinzu: »Und Gott sprach zu Mosche: ›Merkst du denn nicht, daß ich leide – genau wie Israel leidet! Erkenne es doch aus dem Ort, von dem ich zu dir rede: Mitten aus den Dornen! So teile ich die Leiden Israels, wie geschrieben steht: ›In all ihrer Not war auch ihm leid‹« (Jes 63,9).

Das sind keine säuberlichen Hypothesen, die sich Salon-Theologen in ihren Schreibstuben ausgedacht haben, sondern gewissermaßen die letztmöglichen Ergebnisse eines titanischen Ringens mit dem ewigen Rätsel der Theodizee. Denn das Mysterium eines gütigen Gottes der Allmacht und der Realität einer qualenvollen Leidenswelt lassen sich im Bereich der Vernunft nicht zusammenreimen. Da aber das gläubige Judentum nicht umhin kann, seine Gotteserkenntnis im Lichte jeder weiterführenden Lebenserfahrung immer neu durchzudenken, kam es in gewissen Geistesschulen zu einer allmählichen Umdeutung der herkömmlichen Allmacht als Hauptattribut Gottes – nur um seine grenzenlose Liebe bis hin zur Selbsterniedrigung, zur Dienstbarkeit und zur Leidensfähigkeit Gottes weiterzuglauben.

So geschah es nach der Tempelzerstörung 70 n. Chr., nach der Vertreibung aus Spanien 1492 und in gewissen Kreisen auch nach Auschwitz. Vielleicht geschah es ebenso nach jenem Untergang zu Golgatha. Katastrophen-Theologie – so mögen viele nun einwenden. Aber ist nicht alle profunde, inbrünstige Gottessuche nichts anderes als »Katastrophen-Theologie«, die vom Himmel eine Antwort herabringen und herunterbeten will, eine Antwort auf das Unheil und das Böse auf Erden und auf die ewige Angst vor dem Tod? Elie Wiesel, der Auschwitz-Überlebende, erzählt:

»Als wir eines Tages von der Arbeit zurückkamen, sahen wir auf dem Appellplatz drei Galgen. ›Antreten!‹ schrie der Kommandant. Ringsum die SS-Leute mit drohenden Maschinenpistolen, die üblichen Zeremonien. Drei gefesselte Todeskandidaten, darunter der kleine Pipel, der Engel mit den traurigen Augen (...) Die drei Verurteilten stiegen zusammen auf ihre Stühle. Drei Hälse wurden zur gleichen Zeit in die Schlingen eingeführt. ›Es lebe die Freiheit‹, riefen die beiden Erwachsenen. Das Kind schwieg. ›Wo ist Gott, wo ist er?‹ fragte jemand hinter mir. Auf ein Zeichen des Lagerchefs kippten die Stühle um. Absolutes Schweigen herrschte im ganzen Lager. Am Horizont ging die Sonne unter. ›Mützen ab!‹ brüllte der Lagerchef. Seine Stimme klang heiser. Wir weinten. ›Mützen auf!‹ Dann begann der Vorbeimarsch. Die beiden Erwachsenen lebten nicht mehr. Ihre geschwollenen Zungen hingen bläulich heraus.
Aber der dritte Strick hing nicht reglos: Der leichte Knabe lebte noch. Sein Gewicht genügte nicht, um ihn zu ersticken. Mehr als eine halbe Stunde hing er so und kämpfte vor unseren Augen seinen Todeskampf. Und wir mußten ihm ins Gesicht sehen. Er lebte noch, als ich an ihm vorüberschritt. Seine Zunge war noch rot, seine Augen noch nicht erloschen. Hinter mir hörte ich denselben Mann fragen: ›Wo ist Gott?‹ Und ich hörte eine Stimme in mir antworten: ›Wo er ist? Dort – dort

hängt er, am Galgen ...‹« (Aus: Elie Wiesel, Die Nacht. Esslingen 1980, S. 92ff.).

War das ein Aufschrei aus der Tiefe tödlicher Trostlosigkeit? Oder ein Stück von jener jüdischen »Galgenweisheit«, die die allerletzte Waffe gegen das Irrewerden ist? Oder war es eine blitzartige Eingebung, die zur Erkenntnis des an seiner Welt leidenden Gottes geführt hat? Jürgen Moltmann, der evangelische Theologe, schreibt hierzu: »Jede andere Antwort wäre Blasphemie. Es wird auch keine andere christliche Antwort auf die Frage dieser Qual geben. Hier von einem leidensunfähigen Gott zu sprechen, würde Gott zum vernichtenden Nichts machen. Hier von einem indifferenten Gott zu sprechen, würde Menschen zur Gleichgültigkeit verurteilen« (Der gekreuzigte Gott. München 1972, S. 262).
Die drei Kreuze zu Golgatha und die drei Galgen in Auschwitz: Heidenpeiniger, Juden-Opfer und dieselbe blutgetränkte Gottesfrage: »Mein Gott, mein Gott, warum hast du mich verlassen?« (vgl. Ps 22,2; Mt 27,46; Mk 15,34).

»Katastrophen-Theologie« und »theologia crucis«

Mag die *eine* jüdische »Katastrophen-Theologie« aus dem Abgrund letzter Verzweiflung nicht zu ein und derselben Notlösung herausgefunden haben, um die Verborgenheit Gottes zu durchbrechen, um ihn, den Herrn der Welt, im Leiden als Leidensgefährten neu zu entdecken? Der eine Gott, der auf Golgatha mitlitt, und der in Auschwitz weinte, in Treblinka verbrannt wurde und in Theresienstadt mit seinen jüdischen Kindern verhungerte?
1943 schrieb Jizchak Katznelson, ein gläubiger Jude, unterwegs in einem Viehwaggon zu den Gaskammern:
»Heilig ist am Kreuz mein Volk,
das für die Schuld der Erde büßt.
Wenn je mein Volk ein auserwähltes war,

weil es für andere litt – dann jetzt, dann jetzt!
Weil niemals noch ein Jude starb,
geläutert so wie jeder, der uns klein erscheint,
in Warschau, Wilna oder in Wollhynien.
Denn aus jedem Juden schreit entsetzt
ein Jeremia – jeder ist
König an Enttäuschung,
der für alle weint.«
Soweit das Vermächtnis des jüdischen Direktors des Städtischen Gymnasiums in Lodz.

Dem ehemaligen Premierminister Israels, Menachem Begin, wurde während seines ersten Interviews mit einem deutschen Journalisten (Hans-Joachim Schilde), das in Jerusalem am 30. November 1978 stattfand, die Frage gestellt: »Können Sie eigentlich nach Auschwitz noch an Gott glauben?« Worauf er antwortete:

»Ja, ich tue es, denn Auschwitz ist unser Opfer für die Gerechtigkeit Gottes in dieser Welt. Ich glaube an Gottes Führung in der Politik. Hätte Hitler die Juden nicht umgebracht, so hätte er unter Umständen den Krieg gewonnen. Gäbe es die göttliche Vorsehung nicht, dann hätte Hitler als erster die Atombombe gebaut (...), dann wäre unsere Welt ein einziges großes Zuchthaus. Das Zeitalter der Finsternis wäre angebrochen (...) Wir Juden brachten in diesem Kampf für das Überleben der Menschlichkeit das größte Opfer (...) Vielleicht mußten wir das Opfer bringen, damit Hitler verlor (...) Auch hier zeigt sich Gottes Vorsehung. Ohne unsere Opfer gäbe es heute auch keinen Staat Israel« (Lutherische Monatshefte, Januar 1979, S. 11).

Daß Menachem Begin nicht weit von der historischen Wahrheit ist, bestätigt Sebastian Haffner in seinem Buch »Anmerkungen zu Hitler«, wo es heißt: »Bis zu Hitler lag das Weltzentrum der Atomforschung in Göttingen. Seit 1933, mit der Auswanderung Albert Einsteins und anderer jüdischer Wissenschaftler, verlagerte es sich nach den USA. Es ist eine interessante Spekulation, daß ohne Hitlers Antisemitismus wahrscheinlich Deutschland und nicht die USA als erste Macht eine Atom-

73

bombe entwickelt haben würde« (a. a. O., München 1978, S. 130).

Viele Juden mögen diese Deutung der Schoah ablehnen; alle werden sicherlich die Unfreiwilligkeit des »Opferganges« in die Vernichtungslager unterstreichen. Aber klingt sie nicht wie ein Nachhall jener altrabbinischen Auslegung, die im leidenden Gottesknecht die Verkörperung von ganz Israel sieht, über den die Menschheit sagt: »Um unserer Missetat willen wird er verwundet und um unserer Sünde willen zerschlagen ...«? »Und er, der durch unsere Verbrechen erschlagen, durch unsere Sünden gedrückt wird, auf ihm ruht die Erziehung zu unserem Heile.« So bedeutet das 53. Kapitel Jesajas für Rabbiner Samson Raphael Hirsch, dem Gründer der Neo-Orthodoxie in Frankfurt/M. (1808–1888), ein Bekenntnis der Völker zum Leidensgeschick Israels und das Eingeständnis ihrer eigenen Schuld, das zur theologischen Sinngebung des Leides fortschreitet, um es letztlich als Mittel zum Heil der Völker zu erfassen (S. R. Hirsch, Gesammelte Schriften, Band II, 1925, S. 326).

Dieses Leiden für andere gilt nicht nur für die Opfer der Griechen unter Antiochus IV Epiphanes, den römischen Kaisern, den Kreuzfahrern, der Inquisition und der großen Gottesfinsternis der Hitlerjahre, sondern auch für jenen Rabbi von Nazareth, der das Abendland zum einen Gott Israels geführt hat – nicht in seinem Leben, sondern durch seinen Tod am Römerkreuz. Denn diese Tatsache bleibt unbestritten: Wo die Lebensgeschichte Jesu endet, dort beginnt die von ihm ausgehende Geschichte des Christentums. Mit den Worten des Nazareners: »Wenn das Weizenkorn nicht in die Erde fällt und erstirbt, so bleibt's allein. Wenn es aber erstirbt, so bringt es viele Frucht« (Joh 12,24).

Mit den Worten des chassidischen Rabbi Pinchas von Korez, wie Martin Buber sie uns überliefert: »Man fragte Rabbi Pinchas: ›Warum soll, wie uns überliefert wird, der Messias am Jahrestag der Zerstörung des Tempels geboren werden?‹ ›Das Korn‹, so sprach der Rabbi, ›das in die Erde gesät wird, muß

74

zerfallen, damit die neue Ähre sprieße. Die Kraft kann nicht auferstehen, wenn sie nicht in die große Verborgenheit eingeht (...) In der Schale des Vergessens wächst die Macht des Gedächtnisses. Das ist die Macht der Erlösung« (M. Buber, Werke, Band III, Schriften zum Chassidismus, München/Heidelberg 1963, S. 241 f.). So können nur Juden sprechen, die nicht das Leiden suchen noch das Leid verherrlichen, wohl aber für ihren Gottesglauben zu leiden bereit sind, wenn's not tut, und sich dennoch weigern, den Tod als das Ende, als Gottes letztes Wort zu akzeptieren. Rabbiner Kalmisch Schapiro schrieb im Warschauer Ghetto 1941 in seinem postum veröffentlichten Buch »Esch-Kodesch« (Das Heilige Feuer):

»Das Leiden ist nicht der Wille Gottes, sondern eine seiner höchsten Offenbarungsweisen (...) Alle Geburt schmerzt (...), die messianischen Wehen am ärgsten. Nicht von ungefähr tragen wir, *Isra-El*, Gott in unserem Eigennamen. Diese Namensbindung ist eine gottgewollte Schicksalsverbundenheit. So leidet Israel mit Gott – für die gemeinsame Erlösung der Welt« (K. K. Schapiro, Esch-Kodesch, Jerusalem, 1960, S. 84 f.).

Hier geht es um einen langwierigen, schmerzlichen Denkprozeß, der von der »Theopathie« der Rabbinen über das stellvertretende Sühneleiden der Makkabäer und die selbstlose Opferbereitschaft Isaaks zum Martyrium des leidenden Gottesknechtes führt, der »verachtet und von Gott und Mensch verlassen, die Sünden vieler trug, um sein Leben in den Tod zu geben« – ein Denkprozeß, den letztlich Paulus in seine *theologia crucis* aufgenommen hat. Es ist ein ganzer Regenbogen jüdischer Denkansätze und Verständnisversuche des unentwirrbaren Rätsels der Theodizee, die später in der Kirche weiter entwickelt wurden, über die theologischen Grenzen des Judentums hinaus. Dieses kann zwar das nun christlich gewordene Glaubensgut einfühlsam respektieren, aber nicht nachvollziehen.

Dreifach jüdisch ist das Fundament der neutestamentlichen Passionsgeschichte, die später zum Glaubenskern des Christentums erhoben wurde: im großen Dulder aus Nazareth; in der

75

Vielzahl der Interpretationen, die sein Tod aufgrund biblischer und rabbinischer Vorbilder erfahren hat (Ps 22; Ps 69; Jes 53; Sach 13; 2 Makk 6,12–17; 2 Makk 6,28 f. etc.) und, nicht zuletzt, in der Lehre vom stellvertretenden Sühnetod des Gerechten (»des guten Hirten«; des »Menschensohnes«; des Propheten; des »treuen Knechtes Gottes« usw.), die in ihrer jüdischen Kerngestalt schon alt war, als Jesus zur Welt kam. Unjüdisch wurde dieser Leidensbericht erst in seiner christologischen Ausarbeitung, als seine Grundelemente apologetisch, dogmatisch und paränetisch zu einer doktrinären Passions-Theologie verdichtet worden sind.

Der religiöse Wert unschuldiger Leiden und die Sühnekraft, die dem Selbstopfer der Märtyrer innewohnt, gehören seit Makkabäerzeiten zum Glaubensgut Israels, aber das göttliche »Muß« von Jesu Passion ist dem Judentum genauso fremd wie sein »Heilstod« oder »Erlösertod«, demgemäß Gott selbst es ist, der Jesus »für uns alle dahingegeben hat« (Röm 8,32 und Röm 4,25).

Messianität, das Heilshandeln Gottes und seine allumfassende Gnadenliebe gehören zu den Grundsäulen des jüdischen Glaubens – aber der Glaube an einen schon gekommenen Messias in unserer so unleugbar unerlösten Welt klingt für Juden wie ein offenbarer Selbstwiderspruch.

Ja, was bedeuten eigentlich »das Heil«, die »Erlösung«, die »Gottessohnschaft«, die »Inkarnation« und ähnliche Schlüsselbegriffe, die sich in mannigfaltiger Weise definieren und erklären lassen? Über diesen legitimen Meinungspluralismus hinweg ist wohl für Juden und Christen *nur* gewiß, daß »Gott es will, daß alle Menschen das Heil erlangen« (Hes 18,23; Jes 26,6–9 und 1 Tim 2,4), daß aber »Gottes Wege unerforschlich bleiben« (Jes 55,8–9 und Röm 11,33). Schmerz und Pein gehören zum Kern unseres gottgewollten Menschentums. Sie tragen zu müssen, ist unser aller Menschenlos. Märtyrer hingegen als sich aufopfernde Zeugen des Glaubens, die freiwillig das Leid auf sich nehmen, sind und bleiben einsame Leuchten in der oft dunklen Geschichte der Menschheit. Heute mehr denn je.

Das Unheil und das Elend auf Erden, der gütige Heilswille Gottes und die Glaubensnot so vieler Menschen – diese drei Wirklichkeiten, die immer wieder auseinanderklaffen, sie gilt es in einer einzigen Hoffnungslehre zusammenzubringen, die der Grundstein für eine *neue, offene Theologie* des Monotheismus sein könnte, ohne hierbei die essentiellen Unterschiede zwischen den einzelnen Religionen und den Respekt voreinander zu verwischen. *So*, vielleicht nur *so*, läßt sich getrost an den Gott der Bibel glauben.

Schlußfolgerungen

Diese erschütternde Passion eines gerechten Juden, die zum Kernstück der christlichen Liturgie – sowohl in der Eucharistie wie im Abendmahl – geworden ist, führt leider bis zum heutigen Tag in so mancher Predigt oder Auslegung zu Schuldzuweisungen oder Vorurteilen gegenüber den leiblichen Brüdern und Schwestern Jesu, von denen so viele – vor ihm, mit ihm und nach ihm – sein Leidensschicksal teilen mußten.

Noch immer wird in der kirchlichen Katechese, Exegese und Homiletik des öfteren gefragt: *Wer war schuld daran*, daß dieser Jesus von Nazareth in der Blüte seiner Jahre so elend am Römerkreuz verbluten mußte? Es ist unheimlich, wie viele Zeigefinger sich im Laufe der Kirchengeschichte erhoben haben, um auf alle möglichen Schuldträger hinzuweisen: auf Judas, den angeblichen Verräter, auf »die Pharisäer«, die übrigens in den Passionsberichten gar nicht vorkommen; aber vor allem auf »die Juden« in Bausch und Bogen.

Doch da ist einer aus dem inneren Kreis der Jünger, der vor seiner eigenen Schuld erschrak, noch ehe der Prozeß Jesu zu Ende war. Petrus, der seinen Herrn dreimal verleugnet hatte, ging hinaus und weinte bitterlich, wie es heißt. Gewiß, er selbst hatte keine Hand gegen Jesus erhoben, aber in seiner Angst hatte er versagt, wie alle zwölf Apostel insgesamt. Und dennoch meinen die Evangelisten, Petrus habe die Schuldfrage richtig beantwortet, als er eindeutig zugab: Ich bin mitschuldig! Ohne billige Ausflüchte noch Ausreden. Ist dieses Geständnis der eigenen Schuld vielleicht der Grund, warum Jesus auf ihn seine Gemeinde aufbauen wollte?

Ein weiterer Denkanstoß liegt wohl in der Tatsache, daß es nach Ostern weder zu einem flammenden Jüngerprotest gegen die Pharisäer noch gegen den Hohen Rat kam, sondern daß wir alle Apostel wiederum im Tempel finden, also im Bereich des Hohepriesters, wo sie öffentlich verkündigen, daß Jesus für die Schuld *aller* gestorben sei. »Alle« aber bedeutet: auch für die Juden, zu denen ja nicht nur Jesus selbst, sondern auch seine gesamte Gefolgschaft zählte. Warum werden aber dann »die Juden« fälschlich angeklagt, Jesus umgebracht zu haben und so selten zu Recht bezichtigt, die Kirche und das Christentum hervorgebracht zu haben? Müssen denn Jesus-Liebe und Juden-Haß auf ewig zu einem bibelwidrigen Zweigespann zusammengejocht bleiben?

Auf diese Frage antwortet Jesus selbst ganz unzweideutig: »Niemand nimmt mir mein Leben, sondern ich lasse es von mir selbst!« (Joh 10,18). So erklärt er in seiner Leidensankündigung, wobei er betont, daß er seinen Weg zum Kreuz vollauf bejaht. Mehr noch! Er hat keinerlei Versuch unternommen, sich der Gefangennahme zu entziehen, noch hat er einen der vielen Fluchtwege ergriffen, die ihm bis zu Golgatha offenstanden, wie wir sie aus der jüdischen Überlieferung kennen. Jesus verstand sich vom Anfang an als »das Lamm Gottes«, das »für die Sünden der Welt« sterben mußte. So kann Paulus dann von Jesus sagen: »Er erniedrigte sich selbst und ward gehorsam bis zum Tode; ja, bis zum Tode am Kreuz« (Phil 2,6–11). Wer da noch nach Sündenböcken suchen will, der stellt als Christ Gottes Heilsvorhaben in Frage; der bezweifelt den selbstlosen Sühnetod seines Heilands und beraubt die Heilslehre seiner Kirche ihrer hauptsächlichen Grundlage. Und dennoch gibt es noch eine christliche Antwort auf das Rätsel vom Qualentod des Nazareners, das weder »Gottesmord« noch »Judenschuld« benötigt, wohl aber eine ernstgemeinte Nachfolge Jesu:

»Unsere große Sünde
und schwere Missetat
Jesum, den wahren Gottessohn,
ans Kreuz geschlagen hat.
Drum wir Dich, armer Judas,
dazu der Judenschar, nicht feindlich dürfen schelten,
die Schuld ist unser gar.« (EA 56,359)

So heißt es in dem berühmten Bußelied, das Martin Luther verfaßt hat. Wenn dem so ist, dann liegt die Schlußfolgerung auf der Hand:

Wenn dieser Rabbi von Nazareth sein Leben dahingegeben hat, um anderen zu einem reineren, gläubigeren Leben zu verhelfen, dann kann seine Passion für Christen nur einen Sinn haben:

- das Ende aller Schuldsuche
- das Bekenntnis der eigenen Schuld
- die *Ent-Grenzung* aller Liebe, wie Jesus sie uns allen so beispielhaft vorgelebt, vorgelitten und zuletzt auch vorgestorben hat.

Vor allem aber scheint die Zeit reif zu sein für eine Aussöhnung zwischen Jesu leiblichen Brüdern und seinen geistigen Jüngern. Eine wahre Aussöhnung ohne jeglichen Synkretismus, um einen Neuanfang zu wagen – als ebenbürtige Brüder und Schwestern unter unserem Vater im Himmel.

Das Kreuz der Juden

»Die schlimmste, scheußlichste und grausamste Todesstrafe, die es gibt, ist der Kreuzestod«, sagte Cicero seinen Landsleuten in Rom, und er fährt fort: »Der Begriff Kreuz muß nicht nur vom Leib römischer Bürger, sondern auch von ihren Gedanken, ihren Augen und ihren Ohren ferngehalten werden« (Pro Rabirio 5,16).

Um dies zu gewährleisten, wurde diese Hinrichtung am Schandpfahl nur für die zwei verächtlichsten Arten von Verbrechern bestimmt: entlaufene Sklaven und Rebellen gegen das Kaiserreich. Als Rebellen oder »Räuber« wurden all diejenigen Freiheitskämpfer und Patrioten in den Provinzen gebrandmarkt, die mit eigener Kraft versuchten, das Joch der Römer abzuschütteln. Insbesondere zeichneten sich hier die Juden aus, die es fertigbrachten, während der drei Jahrhunderte von den Makkabäern (167 v. Chr.) bis zum Bar-Kochba-Aufstand (134 n. Chr.) nicht weniger als 67 Kriege und Widerstandskämpfe gegen die heidnische Fremdherrschaft zu führen, die ihnen unvereinbar mit der Alleinherrschaft Gottes erschien.

Die Repressalien ließen nicht auf sich warten:

Varus, der römische Legat in Syrien, ließ kurz nach der Zeitenwende 2000 jüdische Rebellen ans Kreuz nageln. Unter den vier ersten Landpflegern, Coponius, Markus Ambibulus, Annius Rufus und Valerius Gratus, fanden rund 6000 Freiheitskämpfer in Israel ihren Tod am Römerkreuz. Pontius Pilatus, dessen Blutjustiz und Hinrichtungspraxis ohne Urteilsspruch historisch belegt ist, ließ während der zehn Jahre (26–36) seiner Prokuratur über 3000 fromme Juden am Kreuz verbluten einschließlich jener Galiläer, deren Blut er »vergossen hatte, als sie gerade opferten«, wie Lukas (13,1) uns berichtet – und Jesus von Nazareth.

Von den Massenkreuzigungen des Titus während der Belagerung der Stadt Jerusalem im Jahre 70 berichtet uns der Historiker Josephus Flavius: »Wenn sie (jüdische Flüchtlinge) aber gefaßt wurden (…), so wurden sie gegeißelt und mit Mißhandlungen jeder Art vor ihrem Tode gefoltert, um dann der Stadtmauer gegenüber gekreuzigt zu werden (…) Er (Titus) hoffte, daß dieser Anblick die Juden zur Kapitulation veranlassen würde, da sie das gleiche Schicksal zu erwarten hätten, wenn sie sich nicht ergeben wollten.

Die Soldaten aber trieben voller Wut und Haß ihren Spott mit den Gefangenen, indem sie jeden in einer anderen Stellung ans Kreuz nagelten, und bald fehlte es an Platz für die Kreuze und an Kreuzen für die Leiber, so viele waren es« (Der Jüdische Krieg V, 11,1–2).

Was Jesus anbetrifft, so gilt lediglich als historisch gesichert die Tatsache, daß die Römer ihn nach römischem Recht als Aufständischen zwischen zwei Zeloten durch römische Legionäre kreuzigen ließen, wobei die Aufschrift über dem Kreuz die politische Motivation seiner Hinrichtung auf den Generalnenner »König der Juden« bringt (vgl. mein Buch »Wer war schuld an Jesu Tod?«, GTB 1419).

Die Kreuzigungsstrafe hatten die Römer von den Karthagern und Puniern übernommen, die sie wahrscheinlich von den Persern gelernt hatten, die ihre Schwerverbrecher in der Schwebe zwischen Himmel und Erde verschmachten ließen, auf daß ihre Füße nicht den Boden der Heimat verunreinigten. Als heiliges Symbol kannten schon die alten Babylonier ein aufrecht stehendes Kreuz, das sie zusammen mit dem Hakenkreuz verehrten. Bei den Ägyptern genoß ein sogenanntes Henkelkreuz als Sinnbild des Lebens öffentliche Anbetung, während das »Nilkreuz« – ein senkrechter Stamm mit mehreren rechtwinkligen Armen – den Priestern zur Herab-Beschwörung einer ergiebigen Ernte alljährlich diente. Auch die Druiden, jene sagenhaften Priester der Kelten, kannten das Kreuzsymbol, von dem sie glaubten, der lange Stamm bedeute der Weg des Lebens, während die beiden Kurzarme die Geisterwelt darstellten. Nicht zuletzt seien die Mysterienbünde der Buddhisten erwähnt, deren Eingeweihte das Kreuzeszeichen auf der Stirn zu tragen pflegten. Während wir von über einem Dutzend Kulturen und Religionen wissen, die auf verschiedentliche Weise das Kreuz in Ehren hielten, waren es hauptsächlich die Römer, die es zum Mordinstrument umfunktionierten.

Der übliche Verlauf der Kreuzigungsstrafe kann aus verschiedenen Zeugnissen antiker Schriftsteller, aus dem Talmud und aus der römischen Gesetzgebung ziemlich genau rekonstruiert werden. Zuerst wurden die Verurteilten öffentlich gegeißelt, wobei Sklaven oder Legionäre die nackten Leiber ihrer Opfer mit sadistischer Gründlichkeit zu zerfetzen pflegten. Dem Verurteilten, soweit er hierauf noch stehen konnte, wurde dann eine Holztafel umgehängt, auf der der Grund seiner Verurteilung zu lesen war, worauf er selbst, gefolgt von seinen Peinigern, den Querbalken zum Hinrichtungsort tragen mußte. »Das Joch des Himmelreiches auf sich nehmen«, hieß diese Traglast in der Sprache der jüdischen Widerstandskämpfer. »Das Zelotenkreuz tragen«, nannten es die nüchterneren Sadduzäer.

»Den Jesus aber ließ Pilatus geißeln und übergab ihn zur Kreuzigung«, heißt es bei Matthäus (27,26). Daß Simon von Kyrene kurz darauf gezwungen werden mußte, Jesu Kreuz zu tragen, sowie Jesu ungewöhnlich schnelles Sterben sprechen für eine besonders blutige Geißelung – eine Annahme, die durch die Dornenkrönung und den grausamen Spott der Legionäre, der nicht nur dem Nazarener, sondern als Verhöhnung des »Judenkönigs« seinem ganzen Volk galt, an Wahrscheinlichkeit gewinnt. Ähnliche Schmähungen jüdischer Patrioten durch ihre Zwingherren sind uns aus dem jüdischen Schrifttum jener Tage nur allzu gut bekannt.

Auf dem letzten Leidensweg in Jerusalem pflegten mitleidige jüdische Frauen, den Verurteilten einen Betäubungstrank zu reichen, um ihre letzten Qualen zu mildern. »Sie gaben ihm mit

Myrrhe gewürzten Wein«, heißt es darüber bei Markus (15,23), »er aber nahm ihn nicht«, was wohl andeutet, daß er bis zuletzt bei klarer Besinnung bleiben wollte. Am Golgatha standen meist schon Pfähle bereit, an denen die Verurteilten, auf den Querbalken gebunden oder festgenagelt, emporgezogen wurden. Falls sie als abschreckendes Beispiel zur Schau gestellt werden sollten, wählte man ein Hochkreuz, das häufig die Höhe von vier Meter erreichte. Die Füße des am Kreuz Hängenden stützten sich nicht auf ein Fußbrett, wie es die Kirchenkunst des Mittelalters darstellt, wohl aber »saß« der Gekreuzigte auf einem hölzernen Sitzpflock – nicht, um es ihm leichter zu machen, sondern im Gegenteil: um seine Todesqualen zu verlängern. So wissen wir aus rabbinischen Quellen, daß die Opfer der Römerjustiz·häufig tagelang am Holz dahinschmachteten, bis der Gnadenstoß eines barmherzigen Soldaten oder das langsame Verbluten ihrem Martyrium ein Ende bereitete.

Jüdischer Alltag im Schatten der Römerkreuze

So häufig waren solche Kreuzigungen in Israel, daß sie auch ihren juridischen Niederschlag im Talmud hinterließen.

So z. B. galt die Tatsache, daß ein Mann am Kreuz hängend gesehen wurde, noch nicht als Beweis dafür, daß er auch gestorben sei. Da die Agonie sich oft über etliche Tage erstreckte, gelang es Freunden und Verwandten des öfteren, Gekreuzigte dank Bestechungsgeldern vom Marterpfahl herunterzuholen. Um eherechtliche Komplikationen zu vermeiden, konnte daher die Frau eines Gekreuzigten nur dann wieder heiraten, wenn der Tod ihres Mannes von zwei Augenzeugen bestätigt wurde, oder wenn er selbst, am Kreuz, in eine Scheidung eingewilligt hatte.

Kreuzigung war keine jüdische Strafe, wohl aber eine harte, unumgehbare Realität im jüdischen Kampf gegen das Römerjoch. Was für gebildete Griechen eine barbarische Torheit sein mußte und für Römer eine Schande schlechthin, wurde für Juden vor zwei Jahrtausenden zum Inbegriff ihres Leidensweges. »Wenn einer mir nachfolgen will, so verleugne er sich selbst, nehme sein Kreuz auf sich und folge mir nach!« Dieses Jesuswort – das einzige, das uns in fünffacher Form überliefert worden ist (Mk 8,34; Mt 10,38; Mt 16,24; Lk 9,23 und Lk 14,27) – war keineswegs ein geistig-abstrakter Appell für das Seelenheil, sondern hatte zu seinen Lebzeiten nur eine landläufige Bedeutung:

Wer von euch nicht bereit ist, die Römerstrafe der Kreuzigung zu riskieren, soll lieber daheim bleiben. Es war eine grausame, todernste Herausforderung, die Tausende von Juden vor Jesus, mit Jesus und nach Jesus mit dem Leben bezahlen mußten. In diesem Sinne wurde sie auch von den Zwölfen verstanden, die Heim und Habe hinter sich ließen, »ohne zurückzuschauen«, um mit Jesus, auf Gedeih oder Verderb, für das Himmelreich auf Erden zu wirken.

»Israel ist ein hartnäckiges Volk«, besagt ein Rabbinerspruch aus jenen düsteren Tagen, »wenn sie vor die Wahl gestellt werden zwischen Abfall und Kreuzigung, so wählen sie das Kreuz« (Ex-Rabba 42,9).

Dasselbe Kreuz, das Jesus, wie Tausende andere seiner jüdischen Leidensgefährten, erwählte, wurde später zum Mittelpunkt der paulinischen Heilslehre. Indem Gott allein der im Kreuzesgeschehen Handelnde ist, »hat er des eigenen Sohnes nicht geschont, sondern ihn für uns alle dahingegeben« (Röm 8,32), auf daß er durch seinen stellvertretenden Opfertod (2 Kor 5,15f.; Gal 3,13; 1 Kor 5,7) uns von den Sünden reinwasche (1 Kor 15,3; Röm 6,6–10).

Sühneleiden, Märtyrertod und Auferstehung gehören zu jenen jüdischen Antworten auf die ewige Frage der Theodizee, die ihre Vorbilder bis heute aus der freiwilligen Selbstopferbereitschaft des Stammvaters Isaak, dem »leidenden Gottesknecht« Jesajas und der Blutzeugenschaft der Makkabäer hervorholen.

Was für Juden bei Paulus jedoch so gut wie unverständlich bleibt, ist seine Behauptung, daß »Jesus in seinem Kreuz die Juden und die Weltvölker miteinander versöhnt habe« (Eph 2,16). Denn dieser Aussage widerspricht eine historische Erfahrung, die, wie Jacques Maritain sagte, die jüdische Diaspora inmitten der Christenheit in eine tausendjährige Via Dolorosa verwandelt hat.

»Taufe oder Tod!« war der Schrei der Kreuzfahrer, die im Frühling des Jahres 1096 die jüdischen Gemeinden des Rheinlandes heimsuchten.

Und als die Juden ihrem Glauben treu blieben, wurden sie kurzerhand mit Kreuz-Schwertern »im Namen Jesu Christi« niedergemetzelt.

So kehrte das Kruzifix, in der Hand von Christen, zu seinem ursprünglichen Zweck als Totschläger zurück. Was am 22. Mai 1096 zu Mainz geschah, beschreibt die Chronik eines jüdischen Augenzeugen:

»Es war um die Mittagszeit, da rückte Emicho, der grimme Judenfeind, mit seinem ganzen Kriegsvolk vor die Stadt. Und nun öffneten ihm die Städter das Tor.› All dies tut uns der Gekreuzigte‹, so sprachen die Feinde des Herrn, ›auf daß wir sein Blut an den Juden rächen‹ (...) Als die Söhne Israels sahen, daß das Verhängnis sich erfüllte, schrien sie insgesamt zu ihrem Vater im Himmel (...), aber sie unterwarfen sich dem göttlichen Gericht und sprachen zueinander: Lasset uns stark sein und das Joch der Gottesfurcht tragen (...) Nicht einen von allen, die im Bischofpalast waren, ließen die Kreuzfahrer übrig. Alle hieben sie mit ihren eisernen Kreuzen nieder und zogen die Leichen nackt aus (...) Elfhundert Opfer fielen an einem Tag. Ein jedes wie das Opfer Isaaks, des Sohnes Abrahams (...) Kannst du solches geschehen lassen und ruhig bleiben, o Herr? Ließen sie sich doch alle für dich und die Heiligkeit deines Namens ermorden!« Und die Chronik schließt mit dem Psalmwort: »Herr, um deinetwillen werden wir getötet Tag um Tag; wir sind Schlachtschafen gleich geachtet« (Psalm 44,12). (Aus: »EDOM«, Jüdischer Verlag Berlin 1919, Hrsg. Nathan Birnbaum und Hugo Hermann, S. 16ff.).

Horst Georg Pöhlmann stellt hierzu die Frage: »Auf welcher Seite stand Christus, auf der Seite der Peiniger, die getauft waren, oder aber auf der der Gepeinigten, die lieber sterben als getauft werden wollten?« (Wer war Jesus von Nazareth? GTB 109, 1976, S. 37f.) Und Helmut Gollwitzer antwortet auf dem zehnten Kirchentag in Berlin 1961: »Wenn jemand eine Gemeinde des Kreuzes gewesen ist in diesen Jahrhunderten, dann die Juden (...), die von der Gemeinde des ›Gekreuzigten‹ oft genug geschlagen wurden und die in einem unvergleichlichen Maße, viel mehr als die siegreiche Kirche, die Kreuzträger der Geschichte geworden sind. Das Kreuz der Erwählung liegt auf ihnen; wir haben uns lange genug mit dem Kreuz geschmückt, ohne es zu tragen« (Der Ungekündigte Bund, S. 48).

»Der Letzte der Gerechten« heißt der Roman, in dem der französische Jude André Schwarz-Bart, dessen Eltern in den Gaskammern umkamen, allen jüdischen Märtyrern ein episches Denkmal setzen will.

»Sag mir doch, warum hassen uns die Christen so sehr?« Es ist eine erschütternde, wenn auch glaubwürdige Frage, die er Golda, seine jüdische Heldin, in Paris 1942 stellen läßt. Worauf Ernie, ihr Verlobter, antwortet: »Die Christen behaupten, sie lieben Jesu, aber ich glaube, sie hassen ihn, ohne es zu wissen. Darum drehen sie das Kreuz um, machen ein Schwert daraus und schlagen uns damit. Verstehst du, Golda, schrie er plötzlich auf: Sie nehmen das Kreuz und drehen es um, sie drehen es um, mein Gott im Himmel (...) Armer Jesus! Wenn er zurück auf Erden käme und sehen müßte, wie die Heiden ein Schwert aus seinem Kreuz machen, um seine eigenen Brüder und Schwestern totzuschlagen, da wäre er sehr traurig ...«

Daß es hier nicht bloß um freie Nachdichtung geht, sondern um die Anprangerung der unterschwelligen Verknüpfung von Kreuz und Judenhaß, die bis in unsere Tage hineinwuchert, bestätigt Pfarrer Rudolph Pfisterer: »Im Ghetto von Wilna gab es einen Juden, den die Wachmannschaft zum Spott ›Jud Jesus‹ nannte. Eines Tages ergriffen sie ihn, führten ihn vor das Lager, zerschunden ihm sein Haupt mit einer Krone aus Stacheldraht und kreuzigten ihn dann, um dadurch Juden und Christen gemeinsam zu verhöhnen« (Juden und Christen: Getrennt – Versöhnt. Gladbeck 1968, S. 50).

Niemals haben so viele so wenige so lange und so grundlos gehaßt. Das ist das traurige Fazit der Geschichte jüdisch-christlicher Beziehungen, die Jesu Frohbotschaft in eine mörderische Drohbotschaft für Jesu Brüder zu verzerren wußte. Die an das Kreuz glaubten, ließen es die Juden tragen – die dran glauben mußten. Zum »Lamm Gottes« gesellten sie unzählige Sündenböcke – beide aus demselben Volk Israel, das ihnen ihren Heiland, ihre Bibel und ihre erste Kirche geschenkt hatte. Wo beginnt der Faden dieses Hasses?

Die Blutspur beginnt auf Golgatha, von wo sie über die Kreuzzüge in die Gaskammern führt. »Die Juden haben Christus gekreuzigt!« So heißt es seit dem vierten Evangelium. Darum straft sie Gott, wobei es seit 1900 Jahren als gottgefällige Tat zu gelten scheint, der göttlichen Bestrafung nachzuhelfen. Zur »Schuld am Kreuz« sagte die Kirche schon vor vier Jahrhunderten im Trienter Katechismus (1570):

»Unser Glaube lehrt uns: Als auf Befehl des Caesars Tiberius Pontius Pilatus in Judäa herrschte, ward Christus, der Herr, ans Kreuz genagelt (...). An dieser Schuld müssen wir all jene beteiligt erachten, die wiederholt der Sünde verfallen; denn um unserer Sünden willen erlitt Christus den Kreuzestod, und jene, welche in Sünden und Laster schwelgen, ›kreuzigen Gottes Sohn von neuem und spotten seiner‹ (Hebräer 6,6), und unsere Schuld hieran ist wahrscheinlich tiefer als die der Juden gewesen, indem es so ist, wie der Apostel sagt: Wenn sie es gewußt hätten, sie würden den Herrn der Herrlichkeit niemals gekreuzigt haben.‹ (1 Kor 2,8) Wogegen wir, die wir bekunden, ihn erkannt zu haben und ihn dennoch durch unsere Werke verraten – wir legen Hand an ihn und fügen ihm Leid zu.«

Dies waren zwar gutgemeinte Worte, doch blieben sie weitgehend auf dem Papier. Was immer wieder getan wurde, unter allen nur denkbaren Ausreden und Deckmänteln, war »die

Kreuzigung der Juden«, wie Franklin H. Littell sein Buch nennt, das den Leidensweg der Juden aus christlicher Sicht schildert.

Ein problematisches Symbol

Was wurde nicht aus diesem Leidenssymbol gemacht? Ein Feldzeichen im Krieg, eine Auszeichnung für Helden aller Vaterländer, ein an Goldkettchen baumelnder Zierat und ein Wahrzeichen für Beerdigungsunternehmer. Zu was allem wurde dieser Schandgalgen nicht verkleinert, verniedlicht, verbiedert und verharmlost?

Die einzigen, so scheint es, die seinen Ursprung als Sinnbild der Passion nie vergessen durften, waren die Juden. Und so kam es schon seit frühen Talmudzeiten dazu, daß alles, was mit einem Kreuz versehen war, für Juden als verboten galt. Stadtnamen wie Kreuznach und Deutschkreuz wurden später umschrieben, und die Kreuzermünze hieß im jüdischen Volksmund zelem, was einem Abbild entspricht. Aus demselben Grunde benutzte man beim Rechnen nicht das normale Additionszeichen, sondern bediente sich an seiner Stelle des hebräischen Buchstabens Kamatz, der dem deutschen T ähnelt. Und als Golda Meir als Ministerpräsidentin im Jahre 1973 über ihren Papstbesuch in Rom berichtete, konnte sie nicht umhin, ihren Gefühlen Ausdruck zu verleihen: »Es war mir unmöglich zu vergessen, daß ich mich vor dem Oberhaupt der Kirche befand, vor dem Mann des Kreuzes – und daß unter diesem Zeichen Juden in allen Generationen ermordet worden sind.«

Ein Zeichen der Versöhnung?

Dieses Kreuz, das für Christen zur Heilswahrheit, für Juden hingegen zur Leidenswirklichkeit geworden ist, sollten wir es nicht endlich umdeuten? Nicht mehr als Erinnerung an eine grausame Unmenschlichkeit, an den Sadismus römischer Legionäre und an die Passion Jesu und allzu vieler seiner Brüder, sondern als Verkörperung des Glaubenskernes beider Bibelreligionen?

»Welches ist das vornehmste Gebot von allen?« fragte einer der Schriftgelehrten einst den Nazarener, worauf er mit der großen Doppelliebe antwortet, die die Mitte der Schrift in beiden Testamenten darstellt: »Du sollst den Herrn, deinen Gott, lieben aus deinem ganzen Herzen und aus deiner ganzen Seele und mit all deiner Kraft. Das zweite ist dieses: Liebe deinen Nächsten wie dich selbst. Größer als diese ist kein anderes Gebot.« (Mk 12,28 ff.). – Gleicht der Pfahl des Kreuzes nicht einem Pfeil, der, in der Erde wurzelnd, jäh zum Himmel weist – wie das Gebot der Gottesliebe, das die volle Selbsthingabe fordert? Und gleicht der Querbalken, der unparteiisch nach rechts und nach links deutet, nicht jener schrankenlosen Nächstenliebe, die weder reich noch arm, schwarz noch weiß, weder Jude noch Christ kennt, sondern einzig und allein Menschenbrüder, die im gemeinsamen Vater-Gott die beste Gewähr für Sinn und Hoffnung unseres Lebens finden? Beide halten einander fest, da sie einander zutiefst ergänzen. Zusammengehalten in einem Wahrzeichen der Liebe, sind sie nicht der beste Wegweiser zu einem bibelgetreuen Leben im Glauben?

So gedeutet könnte das Kreuz endlich aufhören, der Inbegriff der Trennung zwischen Jesu Brüdern und seinen Jüngern zu sein – um endlich ein Zeichen der Versöhnung zu werden.

Was geschah mit Joseph von Nazareth?

Ich muß gestehen, daß Joseph von allen Gestalten im sogenannten Neuen Testament schon immer mein besonderes Mitgefühl, aber auch meine Neugierde erweckt hat. Gewiß, sein Jeschua ist von den Römern schändlich gepeinigt und gekreuzigt worden, aber er ist in die Geschichte der Menschheit eingegangen, und seine folgenreiche Bedeutung gilt bis zum heutigen Tage. Joseph dagegen wird aber nur ganze siebenmal wie beiläufig als Randfigur erwähnt. Niemand singt seinen Ruhm oder hebt seine Tugenden hervor, obwohl man ihn dann viel später schnell noch heilig gesprochen hat, sozusagen als nachträgliche Rehabilitation. Ja, sogar die Vaterschaft Jeschuas will man ihm absprechen wegen der angeblichen »jungfräulichen Geburt«, wie die Griechen das seinerzeit nannten – wo doch seine Frau Miriam selbst, die es wohl am besten wissen müßte, eindeutig zu ihrem Sohn Jeschua sagt, er, Joseph, sei »sein Vater« (Lk 2,48).

Das große Schweigen

Was kann eigentlich der Zweck der imposanten, wenn auch grundverschiedenen Stammbäume Jesu sein, die bei Lukas bis Adam und bei Matthäus bis zu Abraham zurückreichen, wenn beide in Joseph ausmünden als »dem Mann der Maria, von welcher ist geboren Jesus«? Wissen diese griechischen Evangelienverfasser denn nicht, daß es in Israel keine größere Beleidigung geben kann, als jemanden zum »Nährvater« oder »Pflegevater« zu degradieren und damit zu entwürdigen, wenn es um seine eigenen Kinder geht? Und sind die fünf Söhne und drei Töchter, die Miriam dem Joseph gebar (Mk 6,3), nicht mehr als genug, um zu beweisen, daß er im vollen Besitz seiner Manneskraft war? Und dennoch wird er in tausend Kirchen und hundert Museen als alter Tattergreis dargestellt, der wie Miriams Großvater anmuten soll.

Es ist sicher nicht leicht, der Vater eines berühmten Sohnes zu sein, der im Laufe seiner Karriere seine ganze Familie in den Schatten stellt. Das aber rechtfertigt in keiner Weise die völlige Verdrängung der Gestalt Josephs aus der Jesusgeschichte. Begegnet uns doch bei diesem Mann ein eigentümlich anmutendes Ignorieren und Tabuisieren in der Kirchen- und Dogmengeschichte, das mehr zu enthüllen scheint, als es krampfhaft bemüht ist, zu verhüllen und totzuschweigen. Fest steht auf jeden Fall, daß Joseph nach seiner sehr flüchtig geschilderten »Verlobung« mit Miriam nur noch drei Auftritte insgesamt gegönnt worden sind: bei der Geburt Jeschuas, bei seiner Beschneidung und dann bei der Bar-Mitzwah seines Erstgeborenen in Jerusalem, wo er als stummer Statist auftaucht, zunächst »staunen«, dann »sich entsetzen« darf und zuletzt »Unverständnis« zu bekunden hat – ohne auch nur ein Sterbenswörtchen mitzureden. Kurzum: man läßt ihn nicht zu Wort kommen, denn er hat angeblich nichts zu sagen und dient in allen drei Szenen lediglich als dekorativer Hintergrund und beinahe entbehrlicher Statist. Worauf er dann nach dem Heimgang aus Jerusalem (wo er und Miriam drei Tage lang Jeschua vermißt und gesucht haben) sang- und klanglos aus der Geschichte verschwindet. Joseph lebt nicht mehr, er stirbt aber auch nicht noch hören wir von seinem Begräbnis, und nicht einmal der Hahn des Petrus kräht ihm nach. Was mag wohl mit ihm geschehen sein? Die Frage stellt sich bei genauem Hinsehen zunehmend.

Es will mir scheinen, daß Joseph offensichtlich etwas so Ungeheuerliches widerfahren ist, daß man es später in der Evangelienüberlieferung in der ständigen Angst vor der römischen Zensur der kaiserlichen Geheimpolizei weder verharmlosen noch verniedlichen konnte. Und so entschloß man sich offensichtlich, ihn einfach zum blassen Requisit schrumpfen zu lassen und alles aus seiner Biographie zu streichen, was den Behörden den geringsten Anstoß hätte geben können. So ganz und gar ist diese Aufgabe aber nicht gelungen, denn hie und da ragen ein paar Zipfel der historischen Wahrheit aus der fein säuberlich entpolitisierten Erzählung hervor; die Widersprüche mehren sich, unüberhörbare Fragezeichen melden sich zu Wort, und allmählich zeichnet sich eine fragmentarische Silhouette ab, die Zeugnis davon ablegt, wie und was wirklich geschehen ist. Oder vorsichtiger gesagt: wie es wahrscheinlich zugegangen ist – denn für faktisch gesicherte Feststellungen sind die zerstreuten Hinweise leider zu spärlich. So will ich also versuchen, den halbverwehten Spuren dieser neutestamentlichen Gestalt nachzugehen in der Hoffnung, ihre wahre Fährte zu verfolgen.

Verwirrung um den Geburtstag

Lukas beginnt seine Schilderung der Geburt Jeschuas wie eine pastorale Symphonie von Hirten, Herden und Futterkrippe, leitet sie jedoch mit einer historischen Overtüre ein, die ihr den Glanz der großen Welt verleihen soll. Wenn der Evangelist aber präzise anmutende Geschichtsaussagen zum Auftakt seines zweiten Kapitels verwendet, so muß er sich auch eine historische Überprüfung gefallen lassen. Und da fängt die Verlegenheit bereits mit dem Zeitpunkt der Geburt an. Laut Matthäus kam der erste Sohn Josephs zur Zeit des Großen Herodes zur Welt, also spätestens vier Jahre vor der christlichen Zeitrechnung. Was sich aber »in jenen Tagen begab, als ein Erlaß vom Kaiser Augustus ausging«, wie es bei Lukas heißt, kann im besten Fall erst zehn Jahre später geschehen sein – ein beträchtlicher Unterschied, der, gelinde gesagt, stutzig macht. Welches von den beiden Daten ist richtig? Vermutlich sind beide Datierungen falsch. Denn daß eine Volkszählung unter Quirinius überhaupt stattgefunden hat, wie in der Folge berichtet wird, bestritten die meisten Historiker, bis man sich schließlich geeinigt hat, daß sie entweder im Jahre sieben vor oder sechs nach der Geburt Jeschuas durchgeführt worden sei. Eine Notlösung zur Ehrenrettung des Lukas, bei der jedoch die Chronologie in allen Fugen ächzt.

Reise oder Flucht?

Und noch schwieriger ist es, Josephs Reise nach Bethlehem, angeblich aus Steuergründen unternommen, mit dem römischen Recht in Einklang zu bringen, demgemäß jedermann damals zum Bürger einer Ortschaft wurde, wo er zwölf Monate seßhaft gewesen war. Joseph und Miriam hätten also längst als seßhafte Nazarener gelten müssen, ehe jener Erlaß des Kaisers ergangen war – was auch Lukas ganz unverhohlen zugibt, wenn er noch im selben Kapitel erzählt: »Joseph und Maria kehrten in ihre Stadt Nazareth zurück« (2,39). Bekanntlich waren die heidnischen Behörden keineswegs an einer unruhestiftenden Massenwanderung ihrer Untertanen interessiert – um so mehr, als die Römer viel zu tüchtige Verwalter waren, um den Zensus so umständlich auszuführen, wie Lukas ihn beschreibt: »Alle gingen hin, sich aufschreiben zu lassen, ein jeder in seine Stadt. Es zog aber auch Joseph von Galiläa aus der Stadt Nazareth hinauf nach Judäa in die Stadt Davids, die Bethlehem heißt, weil er aus dem Hause und Geschlechte Davids war« (Lk 2,3–4).

Andererseits, wenn Lukas behaupten will, daß sich »alle« Juden in die Stadt ihres (etwaigen oder vermeintlichen) Stammvaters begeben mußten, so wäre das für den Großteil der jüdischen Bevölkerung ein unlösbares Rätsel gewesen. Wer wußte noch, wo vor ungefähr tausend Jahren sein »Stammvater« ursprünglich beheimatet war? Und wer war als solcher zu erachten? Der Gründer einer Sippschaft aus den Tagen des Königs David? Oder der noch frühere Urahne zur Zeit der Landverteilung unter Josua? Was überhaupt konnte den Römern daran liegen, zu wissen, wo jeder Jude sich seine Vorfahren aus irgendeinem Jahrhundert ansässig dachte? Und welche Bedeutung konnte solch eine unnachprüfbare Abstammung für die kaiserliche Volkszählung haben?

Fragen über Fragen, auf die es bis heute keine einhelligen Antworten gibt. Wenn Joseph dennoch Liegenschaften im fernen Bethlehem besessen hat, die er angeblich eintragen mußte –

wie verträgt sich das mit der lukanischen Behauptung, es sei »kein Raum in der Herberge« für die Eltern Jeschuas gewesen? (Lk 2,7) Denn von Platzmangel wegen Andrangs auswärtiger Gäste oder dergleichen fällt ja kein Wort im Evangelium! Gekrönt werden alle diese Ungereimtheiten von dem Rätsel, warum er seine hochschwangere »Verlobte« (Lk 2,5) – eine Unverschämtheit sondergleichen, die Martin Luther dann zu seiner »vertrauten Frau« verbessert – auf solch eine beschwerliche Reise bemüht. Denn eine durch den römischen Zensus bedingte Notwendigkeit dafür gibt es beim besten Willen nicht. Sicherlich hätte Joseph seinem geliebten Weib nicht eine so gefährliche Fahrt zugemutet, wenn es nicht unumgehbar nötig gewesen wäre.

Wenn aber der Zensus als Reisemotiv ausscheidet, wie es der historische Tatbestand eindeutig empfiehlt, so müssen wir wohl annehmen, daß man solch eine riskante und mehrtägige Durchquerung von Galiläa, Samarien und Judäa nur unter äußerst zwingenden Umständen, wie etwa Lebensgefahr, unternahm. Dann aber war es keine *Reise* mehr, sondern vielmehr eine *Flucht*! Gerade von solch einer Flucht lesen wir in Mt 2, die angeblich kurz nach der Geburt Jeschuas stattgefunden haben soll. Hatte sie vielleicht schon vor seiner Geburt begonnen? Dem widerspricht Lukas ganz entschieden, indem er keine Gelegenheit versäumt, um Josephs braven Zivilgehorsam sowie den des Jeschua und der späteren Apostel gegenüber dem Römerregime hervorzuheben. Aber diese nachdrückliche Betonung einer beispielhaften Loyalität – noch dazu aus der Feder eines römischen Bürgers namens Lukas – stimmt uns nachdenklich. Sollte sie etwa gegenteilige Gerüchte zum Schweigen bringen? Doch wovor sollte Joseph mit seiner Miriam geflohen sein?

Widerstand gegen die Steuereintreibung?

Naheliegend ist die Antwort, daß zu jener Zeit in der Nähe von Nazareth ein Aufstand tobte, der sich bald auf einen großen Teil von Galiläa auszubreiten begann. In einer zeitgenössischen jüdischen Quelle lesen wir: »Er rief seine Landsleute zum Abfall auf und machte ihnen Vorwürfe, weil sie den Römern geduldig Tribut zahlten und, nächst Gott, sich noch sterbliche Menschen als Herrscher gefallen ließen« (Jüdischer Krieg II, 8,1). So hieß es von Judas Galiläus, der gerade »in jenen Tagen« im Namen Gottes zum antirömischen Widerstand aufrief. Schon oft erregte dieser Judas Unruhen – wie sein Vater Ezekia vor ihm. Als diese »erste Einschreibung« angeordnet wurde, entfachte er einen Befreiungskrieg, der nach dem Tode des Herodes weitreichende Erfolge erzielen konnte. Josephus Flavius berichtet, er habe »eine große Volksmenge« für sich gewonnen, die der römischen Einschreibung leidenschaftlichen Widerstand zu leisten wußte. Nachdem die Aufrührer sich der Stadt Zippori (Sepphoris) bemächtigen konnten, wurde Judas von vielen seiner Landsleute als der verheißene Messias verehrt, bis der römische General Varus mit zwei Legionen aus Syrien kam, die Stadt verbrannte, die Anhänger des Judas kreuzigen ließ und die überlebenden Einwohner als Sklaven verkaufte. Kein Wunder, daß Kaiser Claudius Galiläa als »den Fieberherd« im jüdischen Volkskörper bezeichnete.

Wenn Luther diesen Zensus mit »Schätzung« übersetzt, kommt er der Wahrheit näher. Denn nicht um demographische Neugierde ging es den Römern, sondern um den vollen Herrschaftsanspruch, mit dem der Kaiser hiermit seine habgierige Hand auf ganz Israel gelegt hatte. Doch auch Lukas weiß um den engen Zusammenhang zwischen dem Zensus und der Empörung, die diese Zwangsmaßnahme der Besatzungsmacht im Volke auslösen mußte. Im fünften Kapitel seiner Apostelgeschichte berichtet er ganz unbefangen über den Aufstand dieses Judas, der, wie es heißt, »in den Tagen der Schätzung« aufloderte (Apg 5,37), und das nämlich aus einem sehr triftigen

Grund. Die ganz wörtlich gemeinte »Eintreibung« der Kaiser-steuer, die der Zweck dieser »Schätzung« war, wurde nämlich mit einer rücksichtslosen Brutalität durchgeführt, die viele Tausende von Patrioten zur Steuerverweigerung veranlaßte – auch wenn sie deshalb Haus und Hof verlassen mußten, um in die Berge zu fliehen, wo die meisten sich dann den zelotischen Widerstandskämpfern anschlossen.

Im jüdischen Schrifttum jener Tage heißt dieses Besteuerung, die Lukas mit Recht »Tribut« benennt, »die Aussaugung des Landes«. »Ist es uns erlaubt, dem Kaiser Steuer zu zahlen?« So lautete die harte Gewissensfrage, der sich damals jeder gläubige Jude stellen mußte, lange bevor Jeschua mit ihr öffentlich in Jerusalem konfrontiert werden sollte. Welche Antwort viele Zehntausende darauf gaben, ergeht aus der Tatsache, daß von den 61 Kriegen, Aufständen und Volkserhebungen, die die Juden in dreihundert Jahren gegen das Heidenjoch entfachten, 60 von Galiläa ausgingen, der Heimat Josephs, und alle begannen ausnahmslos mit einer organisierten Steuerverweigerung. Diese Steuerverweigerung gab den entscheidenden Antrieb zur Aufstandsbewegung der Zeloten, die die Befreiung Israels zum Inhalt ihres Lebens machten. Sie wurden durchwegs von den Römern als »Räuber« verleumdet, deren Strafe, wenn die Legionäre ihrer habhaft wurden, in der Kreuzigung bestand. Ein solcher »Räuber« war Barabas; zwischen zwei solchen »Räubern« wurde Jeschua gekreuzigt; und wegen der Zugehörigkeit zu diesen aufständischen Patrioten wurde Jeschua später auch angeklagt und als Rebell hingerichtet. – Wenn Joseph also »seine Stadt« Nazareth verlassen mußte, nicht um dem Kaiser Steuer zu zahlen, wie Lukas es will, sondern um sich dem Steuerdruck durch Flucht zu entziehen, und wenn die Tributverweigerung als das markanteste Symbol der politischen Auflehnung in Israel galt – wäre es dann nicht denkbar, daß auch Joseph diesen Patrioten nahestand?

Wenn wir uns erinnern, daß der sprichwörtliche Unterschlupf dieser Partisanen in entlegenen Höhlen zu finden war, so fällt uns auf, daß es zur Krippe in Lk 2,7 eigentlich nur eine einzige

Textvariante gibt, die jedoch in der Traditionsgeschichte mit Hartnäckigkeit stets von neuem auftaucht: In fünf sehr frühen, voneinander unabhängigen Handschriften ist die Rede von einer »unterirdischen Höhle«, von einer Höhle, »in die kein Tageslicht gelangen kann«, und von einer »abgelegenen Höhle«, die als Versteck diente. Immer wieder heißt es, eine Höhle sei der Geburtsort Jeschuas gewesen, ohne daß eine Krippe erwähnt wird. Ob Martin Luther etwas von den notdürftigen Umständen der Geburt von Josephs Jeschua erahnt hat? Es mag wohl eine Eingebung gewesen sein, die ihn auf die Frage, woher Miriam die Windeln gehabt habe, antworten ließ: Sie habe ihr Kind in Josephs Hosen (oder: Unterhosen?) eingewickelt. Ob diese Notlage etwas mit Josephs politischer Einstellung zu tun hatte, ob auch Joseph, wie später sein erstgeborener Sohn, die Kaisersteuer nicht zahlen wollte – das werden wir wohl nie mit Sicherheit erfahren.

Ins Auge sticht jedenfalls die Frage, die die Steuereintreiber 30 Jahre später dem Petrus stellen: »Zahlt denn Euer Meister die Steuer nicht?« (Mt 17,24) – ein Wortlaut, der zumindest ein Gerücht voraussetzt, demgemäß Jeschua die Steuer auch nicht zahlen wollte. Eine Annahme, die Jeschua selbst auch in den darauffolgenden Versen unverhohlen bestätigt. Diesen Verdacht erhärtet Lukas mit Nachdruck, indem er Jeschua als politischen »Aufwiegler« vor Pontius Pilatus bringen läßt mit der formellen Anklage, er habe »verboten, dem Kaiser Steuer zu zahlen« (Lk 23,1–3).

Könnte es also nicht sein, daß Joseph, der als »Gerechter« auch im Evangelium apostrophiert wird (Mt 1,19) und der als solcher die Vorschriften der Tora nicht weniger ernst nahm als das Gebot der Kindererziehung (Lk 2,51f.), seinem Sohn nicht nur sein Tischlerhandwerk beigebracht hat, sondern ihm auch die Liebe zur gottgewollten Freiheit der Hebräer einzuflößen wußte!? Auch wenn sie errungen werden mußte?

98

Daß Joseph ein »Gerechter« war (Mt 1,19), wird später auch von Jesus, seinem erstgeborenen Sohn, ausgesagt (Apg 3,14), wie auch von seinem zweiten Sohn Jakobus, der als »der Gerechte« in ganz Jerusalem stadtbekannt war.

Als »Zaddik« aber, was am ehesten dem Rechtschaffenden entspricht, gilt nach rabbinischer Anschauung nur ein frommer Jude, der die Weisung Gottes in ihrem ganzen Umfang zur Norm seines Lebens gemacht hat – einschließlich der Satzung im fünften Buch Mose: »Wenn du in das Land kommst, das dir der Herr, dein Gott, geben wird (…), so sollst du den zum König über dich setzen, den der Herr, dein Gott erwählen wird. Du sollst aber einen aus deinen Brüdern zum König über dich setzen. Du darfst keinen Ausländer, der nicht dein Bruder ist, über dich setzen« (Dtn 17,14–15). Diese Stelle aus dem Königsgesetz war allgemein bekannt als das Verbot der Fremdherrschaft, das es allen Tora-Treuen unmöglich machte, sich mit dem Heidenjoch der Römer abzufinden.

Da aber die Evangelien die Lebensgeschichte des Joseph mit radikaler Schweigsamkeit umhüllen, ist dies alles nicht viel mehr als einfühlsame Plausibilität. Den einzigen klaren Hinweis auf seine Gesinnung können wir der Namensgebung seiner fünf Söhne entnehmen: Jesus, Judah, Simon, Jakobus und Jose (oder Joseph), wie Markus (6,3) sie uns berichtet.

Auf Anhieb fällt hier auf, daß alle fünf gut jüdische Bibelnamen sind ohne den geringsten hellenistischen Einfluß, wie er etwa bei Philippus, Andreas und Nikodemus zu finden ist. Gleich den fünf Makkabäerbrüdern erinnern sie nicht nur an traditionelle Kämpfergestalten, sondern haben auch einen messianischen Beigeschmack.

So war *Judah*, der Sohn Leahs, der Gründer des Stammes Judah, dem Boas, Ischai und David entstammen, aus deren Nachkommenschaft der Messias erwartet wird, eine immergrüne Hoffnung, für die der Segen, den Jakob seinem Sohn Judah auf dem Sterbebett erteilt, seit Bibelzeiten als Bestätigung gilt

(Gen 49,8–10). Ihm zu Ehren wurde der Erstgeborene der Makkabäer Judah genannt, der Israel vom Joch der Syrer befreite und den Tempel in Jerusalem wieder einweihen konnte, was allgemein als Vorzeichen der kommenden Erlösung aufgefaßt wurde. Nicht zuletzt kam Judah, der Galiläer, der den Aufstand anführte, aus einer Familie, in der die Anwartschaft auf das Amt des messianischen Königs geradezu als erblich galt (vgl. Apg 5,37).

Simon, dem letzten der Makkabäer, gelang es, die Heere des Kaisers Antiochus VII endgültig zu besiegen und mit den Feinden Israels ein Friedensbündnis zu schließen, indem den Juden vor allem »der Erlaß aller Steuern« zugestanden wurde, (1 Makk 15,5 f.) – verheißungsvolle Worte für alle, die zu Josephs Zeiten unter dem Römerjoch seufzten. Das Loblied, das seine Siege verherrlicht, weiß von einem »Friedensreich«, in dem »Jubel und Freude« herrschten, zu erzählen – in Tönen, die lebhaft an die Endzeitvision der Propheten erinnern (1 Makk 14,25–49). Kein Wunder, daß nicht weniger als 21 der jüdischen Anführer, die gegen die Griechen und später gegen die Römer zu Felde zogen, den Namen Simon trugen.

Von *Jakob* heißt es in der Weissagung des Propheten Bileam: »Ein Stern wird aus Jakob aufgehen« (Num 24,17), was schon sehr früh als messianischer Fingerzeig gedeutet wurde, so daß Bar Kochba später zum »Sternensohn« umbenannt wurde, nachdem er von Rabbi Akiba öffentlich zum »Messias Israels« proklamiert worden war. Das Bibelwort »aus Jakob wird der Herrscher kommen« (Num 24,19) wurde zu einer Losung der ganzen Zelotenbewegung, was wohl die Popularität dieses Namens unter allen damaligen Patrioten verdeutlicht. Dasselbe gilt für *Joseph*, von dem es im ersten Buche Mose heißt: »Er war der Herrscher im Lande« (Gen 42,6), was ebenso als Hinweis auf den kommenden Erlöserkönig ausgelegt zu werden pflegte.

Unmißverständlich messianisch ist aber vor allem der Name *Jesus* oder, besser gesagt, *Jeschua*, der entweder »Gott wird erlösen« oder »Er wird erretten« bedeuten kann. In beiden Fällen

100

aber mußte er im damaligen Klima einer fieberhaften Naherwartung wie ein Stoßgebet um nationale Befreiung klingen.
Das Fazit dieser sehnsüchtigen Namenssymbolik liegt auf der Hand. Joseph und die Seinen mußten wohl zu jenen Kreisen gehören, die tatkräftig »auf die Erlösung Jerusalems« hofften, von denen uns Lukas (2,38) noch im selben Kapitel erzählt.
Fest steht, daß ein Vater in Israel, der seinen Söhnen solche Namen gab, sie von Kindheit an im Geist der Freiheit Gottes zu erziehen entschlossen war.

Ein politisches Lied

Was seine Frau *Maria* betrifft, hat sie uns im Loblied des sog. *Magnificats* ein Manifest ihrer nationalen Überzeugung hinterlassen, das nichts an Klarheit zu wünschen übrig läßt:

Er (der Herr) hat Macht geübt mit seinem Arm:
Er zerstreut die Hochmütigen in ihrem Unterfangen.
Gewaltige hat er vom Thron gestürzt und Niedrige erhöht.
Hungrige hat er erfüllt mit Gütern,
und Reiche hat er leer davon geschickt (...)
Angenommen hat er sich Israels, seines Knechtes,
eingedenk seiner Barmherzigkeit.« (Lk 1,51–54)

Geklärt sollte hier noch werden, daß »die Reichen« und »die Hochmütigen« landläufige Decknamen für die damaligen Römer waren; daß der gesamte Lobgesang eine Blütenlese aus biblischen Zitaten darstellt, die alle als Trost und Zuspruch auf das heißersehnte Ende der Heidenherrschaft umgemünzt wurden; und letztlich, daß Maria *nicht* dafür dankt, daß ihr ein Kind verheißen wird, sondern daß Gott in diesem Kind »seinem Volk Israel aufhelfen wird«, wie sie voll Zuversicht voraussagt.

Rebellentod am Römerkreuz?

Zugegeben, all dies sind nicht mehr als gut begründete Hypothesen, die jedoch den damaligen Ereignissen jener stürmischen Jahre vollauf entsprechen. Mehr noch: Sie ergeben eine plausible Erklärung für die ansonsten völlig unerklärliche Ausblendung der Person Josephs im Bericht über seinen Sohn. Da muß schon etwas ganz Umwerfendes geschehen sein – aus der Sicht des Matthäus und des Lukas –, um ihn historisch so ungerecht zu behandeln. In diesem Sinne war aber das denkbar Ärgste, daß Joseph als militanter Patriot, als Aufrührer oder zumindest als Steuerverweigerer den Rebellentod am Römerkreuz starb, ein Unheil, das im Evangelium um jeden Preis totgeschwiegen werden mußte. Nicht auszuschließen ist die Annahme, daß Joseph zu jenen frommen Freischärlern gehörte, die sich der Befreiungsbewegung Judas, des Galiläers, anschlossen, bis Varus, der Römer, sie auseinandertrieb, ihre Häuser zerstörte und 2000 von ihnen kreuzigen ließ, als der Sohn Josephs noch ein Knabe war.

Dies könnte auch zum Teil erklären, warum Jeschua zeitlebens als »Sohn der Maria« galt und Joseph, im Zuge der gesteigerten Christologie, zum »Nährvater« seines Sohnes degradiert worden ist. Sollte man eines Tages in Israel Spuren des verschollenen Hebräerevangeliums entdecken, das wesentlich älter ist als die vier kanonischen, wie elf Kirchenväter einstimmig bezeugen, so könnte es sich herausstellen, daß nicht Stephanus, sondern Joseph als erster Märtyrer der Jesuaner geehrt werden sollte. Das wäre eine längst überfällige Wiedergutmachung für das himmelschreiende Unrecht, das man Joseph seit fast 2000 Jahren angetan hat.

Warum kommt er nicht?

Die Bibel beginnt mit einer Lehre vom Ursprung alles Daseins, die eindeutig besagt, daß vom ersten Schöpfungsakt an Gott selbst in allen Dingen und Wesen wirkt, ja, daß alles auf Erden von Gott angehaucht ist. Es bedarf daher weder eines evolutiven Fortschrittsglaubens noch revolutionärer Zukunftsutopien, um als eschatologische Lehre von den letzten Dingen die kommende Vollendung nicht als Rückkehr zu paradiesischen Anfängen, sondern als künftige Krönung der Schöpfung zu erwarten. Dies gilt – um so mehr, als Gott dieses Weltall – mit all seiner Schönheit, seinem Schutt, so herrlich und verkommen, wie es nun eben ist – sechsmal auf der ersten Bibelseite »gut«, ja sogar »sehr gut« geheißen hat. Und was Gott gutgeheißen und geheiligt hat, kann der Mensch mit all seiner Engstirnigkeit und Habsucht zwar vergewaltigen, plündern und ausbeuten, aber Gottes Bund mit seiner Menschheit nicht außer Kraft setzen.

Die Menschwerdung dieser alten jüdischen Hoffnungskraft trägt einen solch urwüchsig biblischen Namen, daß er sich als hebräisches Lehnwort in allen Sprachen Europas eingebürgert hat.

Die Rede ist vom *Messias*, einem sterblichen »Gesalbten« Gottes, den die Wörterbücher als »verheißenen Erlöser der Juden« beschreiben, der dann zum »Heiland der Menschheit« aufrückt oder auch, universaler formuliert, als »Befreier aller unterdrückten Völker« verstanden wird.

Das Wesen des jüdischen Messianismus

Was beinhaltet der Messianismus als *jüdische Grundlehre*, die inzwischen in verschiedentlicher Weise eine Anzahl von Religionen und Ideologien in aller Welt beeinflußt und mitgeprägt hat?

Drei Aspekte charakterisieren im wesentlichen diese inner-weltliche »utopische« Lebenshaltung:

1. Daß sein Kommen für notwendig, besser gesagt, als die *Not wendend* erachtet wird, spiegelt den leidgeprüften Realismus der Juden wider im Hinblick auf die Politik aller Staaten, Regimes und Machthaber, von denen es keiner bis heute fertig gebracht hat, diese Welt Gottes gottgefällig zu regieren bzw. zu gestalten.

2. Zugleich aber beruht der Messianismus auf dem festen Fundament des theologischen Optimismus als unerschütterliche Zuversicht, daß der Herr der Welt seine Schöpfung nicht preisgeben wird, auch wenn sie sich der fortwährenden Fürsorge ihres Schöpfers als nicht würdig erweist.

3. Zu diesen beiden Grundpfeilern gesellt sich die Standfestigkeit der Erwartung auf diesen endgültigen Wiedereintritt der erlösenden Geistesmacht in die Angelegenheiten der Menschheit, quasi als Eckstein aller jüdischen Hoffnungskraft: der Beitrag des Judentums zur Entdeckung der Zukunft als Gottes größte Dimension.

Realismus, *Gottvertrauen* und *Weltbejahung* – auf diesen drei Grundsäulen steht die Gewißheit gläubiger Juden, daß, allen Katastrophen und Enttäuschungen zum Trotz, der Messias kommen wird, auch wenn er noch immer zögert.

»Schon da« oder »Noch nicht«?

Ist er denn nicht schon längst gekommen? Oder steht seine Ankunft noch immer aus? – An dieser Streitfrage scheiden sich die Geister seit fast zwei Jahrtausenden. »Wenn wir die Scheidung zwischen Juden und Christen, zwischen Israel und Kirche, auf einen Nenner bringen wollen, können wir sagen: Die Kirche steht auf dem Glauben an das Gekommensein Christi als an die der Menschheit durch Gott zuteil gewordene Erlösung. Wir, Israel, vermögen das nicht zu glauben.« So antwortete Martin

Buber im Jahre 1933, als Karl Ludwig Schmidt ihm die christologische Grundfrage stellte. Ein klares eindeutiges Gegenüber also vom »Schon da« der kirchlichen Erlösung und dem mahnenden »Noch nicht« des Judentums, das die ungeheilte Welt nur allzu schmerzlich verspürt und, »unberuhigt vom Gekommenen«, ganz ausgerichtet bleibt »auf das Kommen des noch Kommenden«.

Der älteste Vorbehalt des Judentums gegenüber der Kirche lautete also bis heute, daß die Welt doch erlöster aussehen müßte, wenn der Messias schon gekommen wäre. Mit den Worten einer alten chassidischen Erzählung: Die Schüler eines Rabbis in Jerusalem brachten ihm eines Morgens die Nachricht: »Der Messias ist gekommen!« Der Rabbi stand auf, ging ans Fenster, kam zurück und setzte sich wieder hin. »Was ist nun? Was sollen wir tun?« fragten ihn die Schüler. »Ruhig weiter lernen sollt ihr!« sagte der Rabbi und fuhr fort: »Wie kann denn der Messias gekommen sein, wenn nichts in der Welt sich erneuert hat?«

Hüben im Christentum also Erfüllungsenthusiasmus oder gnostische Vorwegnahme des Heils, wie etwa im vierten Evangelium, von dem Bultmann behauptet, Ostern, Pfingsten und Parusie fallen in ihm zusammen, so daß der Evangelist Johannes das Wort »Hoffnung« gar nicht benötigt. Drüben im Judentum hingegen die krasse Unerlöstheit der Welt, die weder anfängliches Heil noch erlöste Enklaven inmitten einer noch heillosen Welt zu erblicken vermag.

Aber sind denn mit diesen beiden Alternativen schon alle Möglichkeiten erschöpft? Läuft eine allzu starre Reich-Gottes-Hoffnung, die nur das Endziel ins Auge faßt, ohne den Vorgeschmack messianischer Gegenwart gelten zu lassen, nicht Gefahr, die Schöpfung, die Weltgeschichte und das menschliche Handeln zu entwerten? Und kann nicht ein Denken, daß die Vollkommenheit der noch ausstehenden Erlösung gegen ihre unscheinbaren Anfänge ausspielt, nur allzu leicht eine Ideologie provozieren, die sich, rein horizontal gesehen, mit den menschlichen Erreichbarkeiten begnügt?

Andererseits gilt auch das Wort von Jürgen Moltmann: »Christologie kann nicht das Ende der messianischen Eschatologie sein. Ein solcher Erfüllungsenthusiasmus hat immer wieder Jesus vergottet und die jüdische Unruhe zu zerstören versucht (...). Eine Kirche, die Jesus als die, die jüdische Messiashoffnung liquidierende Erfüllung aller menschlichen Hoffnung ausgab und sich selbst als das präsente Reich Gottes verstand, mußte ihre eigenen Enttäuschungen auf die Juden abschieben. Kirche und politische Verfolgung der Juden richteten sich immer gegen die unstillbare jüdische Messiashoffnung angesichts der Unerlöstheit der Welt« (Das Experiment Hoffnung, S. 89 f.). Vielleicht sind wir im christlich-jüdischen Gespräch endlich so weit, daß die Kirche bereit wäre zuzugeben, warum es so lange so viel christlichen Antagonismus gegen Juden und Judentum gegeben hat. Daß nämlich hinter all diesen Animositäten eine große Angst sitzt – die Angst der Kirche, daß die Juden vielleicht doch recht haben könnten in ihrem beharrlichen Hoffen auf das Noch-Nicht.

Daß also mit Jesus und dem Christentum doch nicht alles Leid geheilt, alle Tränen abgewischt, alle Probleme gelöst und die ganze Welt noch nicht erlöst worden ist, sondern sich die Christen noch immer, fast zweitausend Jahre nach Jesus, sehnlich der so heiß erhofften Erlösung entgegenstrecken. Endlich dämmert in der Kirche heutzutage die Einsicht, daß die alten Verheißungen der Propheten zwar noch immer gültig sind, aber bis heute noch weitgehend auf ihre Erfüllung warten. Mit den Worten von Pastor Hermann Keller: »Vielleicht könnten wir Christen den Juden zugeben, daß hinter dem christlichen Zorn und Haß gegen die Juden eine große Angst sitzt – die Angst nämlich, daß die Juden doch recht haben könnten: daß mit Jesus, mit dem Christentum doch nicht alle Probleme gelöst, nicht die ganze Welt erlöst ist; daß wir Christen gut täten, mit den Juden zu reden, mit ihnen zu warten auf eine Herrlichkeit, die noch bevorsteht« (»In der Erwartung des Reiches Gottes« im Sammelband »Gottes Augapfel«, Neukirchen 1986, S. 213).

Muß es bei dieser harten Konfrontation eines kompromißlosen Entweder-Oder bleiben? Keineswegs! Hier geht es vielmehr um ein Schulbeispiel der gut biblischen Möglichkeit, Unterschiede nicht zur Gegnerschaft noch zur Geringschätzung des Andersgläubigen ausarten zu lassen, sondern für den konstruktiven Glaubensdialog fruchtbar zu machen. Während die Kirche das »Schon da« des Messias proklamiert und lebt – oder leben sollte –, bleibt das Judentum der lebendige Zeuge des »Noch-nicht« der vollen Erlösung. Die Kirche, die in der Rückschau auf Golgatha oft allzu selbstsicher ihren Heilsbesitz hegte, kann aus dem »Noch-nicht« der Juden die Parusie-Erwartung neu erlernen, die einst die erste Christenheit so vollkommen beseelte. Diese heilsame Spannung zwischen Gestern und Morgen, diese heilige Ungeduld, die das irdische Unterwegs-Sein allen Gläubigen so scharf in das Bewußtsein einbrennt, ist vielen Christen verloren gegangen, so daß die Kirche weithin zu einer statischen Gegebenheit statt zur pilgernden Gemeinde geworden ist.

Aus dem jüdischen »Prinzip Hoffnung« auf die messianische Endzeit hin entspringt unvermeidlich eine Akzentverschiebung von der vergangenenen Heilsgeschichte auf die Zukunft hin, die für uns beide, Juden wie Christen, große Verheißungen birgt, weil auch für Christen die offensichtliche und endgültige Offenbarung Jesu noch aussteht. Zukunftsträchtigkeit heißt aber vor allem: Bewegung nach vorwärts, tatkräftige Sehnsucht nach einer heilen Welt, die Suche nach der Ganzheit des Lebens, Exodus aus jedem Status Quo, dynamisch die Geschichte mitgestalten; kurzum: zusammen das Gottesreich auf Erden vorbereiten. »Noch nicht« und »Schon da« drohen zu oberflächlichen Schlagworten zu werden, die den Graben tiefer machen oder erscheinen lassen, als er eigentlich ist. Denn diese polarisierte Konfrontation ist im Grunde zu schroff und einseitig, um der Gesamtschau der Heilserwartungen in den beiden Glaubensgemeinschaften gerecht zu werden. Die Wirklichkeit ist viel differenzierter.

So wie es im Christentum ein großes »Noch nicht« der Vollerlösung gibt, so kennen zahlreiche rabbinische Lehrmeinungen das anfängliche »Schon-Da« der keimhaften Erlösung, die mit Abraham, beim Exodus oder spätestens am Sinai begonnen hat. Nicht von ungefähr heißt Mose in der rabbinischen Tradition »der erste Erlöser«, denn wie Rabbi Simlai betont: »Durch einen Propheten – Mose – hat der Herr uns aus Ägypten erlöst; und durch einen (anderen) Propheten wird er uns wieder erlösen« (Sanh 97b). Weitverbreitet ist auch die rabbinische Vorstellung, daß der jüdische Alltag messianische Spuren in sich birgt – ebenso wie der allwöchentliche Sabbath als teilweise Vorwegnahme (»Ein Sechzigstel«) der messianischen Endzeit gedeutet wird.

Evolutive Erlösung

Spricht denn nicht alles in Gottes Natur, in der von Gott durchwirkten Weltgeschichte, in der allgegenwärtigen Evolution seiner Geschöpfe und in der bedächtigen Pädagogik Gottes, wie sie uns der Maimonides zu erkennen gelehrt hat, für einen schrittweisen Werdegang, der auch die Erlösung von kleinen Anfängen über eine lange Reihenfolge von Fortschritten (und Rückschritten) ihrer Krönung zuführt? Im »Führer der Schwankenden« (»Von den Opfern«, III, 32) heißt es bei Maimonides von Gott, daß er »die Menschen mit Rücksicht auf die Aufnahmefähigkeit ihrer Seele und ihrer Natur dem Heil zuführt«. »Es reife das Heil heran, und Befreiung sprieße hervor. Ich, der Herr, will es schaffen« (Jes 45,8).
Es reife das Heil? Fällt denn das messianische Heil nicht senkrecht vom Himmel auf die Erde herab? Oder gleicht es eher einem Samenkorn, das langsam im Ackerboden heranwächst? Geht also das Heil Gottes so weit ins Natürliche, von Menschenhand Mitgestaltete ein, daß es auf Erden heranreifen will? Wünscht der Allmächtige einen menschlichen Beitrag zu seinem Erlösungswerk? Und kennt denn das messianische Heil etwa nationale, religiöse oder konfessionelle Grenzen? Oder

ist es nicht so, daß »kein Volk wider das andere das Schwert erheben wird, und sie werden hinfort nicht mehr lernen, Krieg zu führen« (Jes 2,4)) Wird also das messianische Friedensreich nicht ausdrücklich »allen Völkern«, allen Menschen und auch der Umwelt, der Tierwelt und der Natur verheißen?

Jesaia bejaht diese Fragen ganz eindeutig, was ein für allemal klarstellen soll, daß weder die messianische Erlösung noch der Weltfrieden schlagartig vom Himmel fallen, sondern eher einem Senfkorn gleichen, einer Weizensaat oder einem Gartengewächs – alles Lebewesen aus der Landwirtschaft, mit denen Jesus gut rabbinisch das Himmelreich zu vergleichen pflegte. So heißt es auch von Rabbi Chiyya dem Großen, der einst nachdenklich den allmählichen Aufgang der Sonne beobachtet hatte: Als es endlich Tag wurde, sagte er zu seinen Gefährten, Rabbi Simon Ben Chalafta: »In dieser Weise wird auch die Erlösung vor sich gehen: zuerst langsam und schrittweise, aber je mehr sie fortschreitet, um so größere Dimensionen wird sie annehmen« (j Ber I,1; 2 C).

Diese Vorstellung vom allmählichen Andämmern der Heilszeit konnte sich nicht nur auf die konkreten Lebenserfahrungen der Juden, sondern auch auf den hebräischen Wachstumsbegriff des »Sprosses« (Zemach) als Synonym für den Messias stützen. So z. B. heißt es: »Denn siehe, ich will ein Neues machen, jetzt wächst es auf. Erkennt ihr's denn nicht?« (Jes 43,19). »Dann wird dein Licht hervorbrechen wie die Morgenröte, und deine Heilung wird schnell voranschreiten« (Jes 58,8).

»In jenen Tagen (…) will ich dem David einen gerechten *Sproß* aufgehen lassen, der soll Recht und Gerechtigkeit schaffen im Lande« (Jer 33,15). »Denn siehe, ich will meinen Knecht, den *Sproß*, kommen lassen« (Sach 3,8).

Ebenso sind die messianischen Segenssprüche des tagtäglichen Achtzehnergebets vom Bild des allmählichen Aufstrahlens der Heilszeit geprägt: »Wer gleicht dir, o König, der tötet und lebendig macht und das Heil *sprießen* läßt (…) Gepriesen seist du, unser Gott, der Heil und Hilfe *emporsprießen* läßt!« In diesem Sinn einer schrittweisen Erlösung – »die Erlösung kommt

Schritt für Schritt«, besagt ein bekanntes Talmudwort – heißt es auch im Festgebet zum Wohl und Heil des Staates, das das Oberrabbinat in Jerusalem für die Liturgie der Synagoge verfaßt hat: »Vater unser im Himmel, Fels Israels und sein Erlöser, segne den Staat Israel, *den Beginn des Aufblühens unserer Erlösung*.« (Beachtenswert ist es, daß sich das Rabbinat erst dreizehn Jahre nach der Staatsgründung zu diesem Gebetstext entschließen konnte!)

»Das Aufblühen unserer Erlösung« – dieses Sinnbild organischen Wachstums, ist es nicht auch der Grundgedanke jener jesuanischen Parabel vom Himmelreich: »Das Himmelreich ist gleich einem Senfkorn, das einer nahm und in seinen Acker säte (…) Wenn es aber ausgewachsen ist, da ist es größer als die Gartengewächse und wird zu einem Baum« (Mt 13,31 ff.)?

Die Frage, die sich aus dieser dynamischen Sicht der Erlösung ergibt, lautet: Sollten Juden und Christen nicht endlich aufhören, die Erlösung als ein Ereignis zu verstehen, das die Welt *schlagartig* verändern wird? Im Wirken Jesu von Nazareth wäre doch eher die *Weiterführung eines Prozesses* zu erkennen, in dem der Mensch sich unter Gott allmählich seiner Mitverantwortung dafür bewußt wird, daß diese Erlösung als organisch fortschreitende Befreiung sich verwirklicht und geschieht – hier und heute, stets und überall. Doch die Konvergenz geht, genauer betrachtet, noch weiter. Wenn Jesus »den Anfang der Erlösung« brachte (für die Heiden) – »Das Angeld des Geistes«, und diese christliche Welt nach fast zwei Jahrtausenden dennoch so offensichtlich unerlöst von allen Plagen menschlicher Schwäche und Bosheit bleibt, muß es doch auch *Christenschuld* sein, daß diese Welt immer noch so unmessianisch lebt und strebt.

Auch der Talmud übt diese schonungslose Selbstkritik. Alle Endzeittermine seien längst verstrichen, sagte schon Raw vor über eineinhalb Jahrtausenden, und die Erlösung hänge nun nur von der *Umkehr* und den guten Taten ab (Sanh 97 a). Zum Gotteswort »Ich will es (die Erlösung) zu seiner Zeit beschleunigen« (Jes 60,22), sagte Rabbi Jehoschua, der Sohn Levis:

»Ich will es beschleunigen«, d. h. – wenn sie (Israel) würdig sind durch ihre Taten; »zu seiner Zeit«, d. h. – wenn wie unwürdig sind (Sanh 98 a). Und Rabbi Simon, Jochai's Sohn, sagte sogar: »Wenn ganz Israel zwei Sabbathe in rechter Weise feiern würde – sofort würde es erlöst werden« (Sabbath 63 a). Es ist also auch *Judenschuld* in der Vernachlässigung der Göttlichen Weisung, die die Erlösung verzögern läßt.

Gemeinsame Orthopraxie

Vielleicht liegt hier unsere gemeinsame Aufgabe, die Vollerlösung »zu beschleunigen«. Nicht in der Konkurrenz der Verheißungen und auch nicht im Ringen um eine Orthodoxie, die auf dem Papier bleibt, sondern im Wettstreit um eine biblische *Orthopraxie* des Recht-Schaffens und des Wohl-Tuns, die uns alle schrittweise dem Endheil näherbringt – ganz im Sinne jenes Rabbis, der vor »falschen Propheten« warnte, um zum »Tun der Wahrheit« (Joh 3,21) aufzurufen: »An ihren Früchten werdet ihr sie erkennen« (Mt 7,16) – nicht an ihren Reden! Wenn aber sowohl Jesaia (60,22) als auch der 2. Petrusbrief von einer möglichen »Beschleunigung« (2 Petr 3,12) der Ankunft der Heilszeit sprechen, stellt sich die dringliche Frage, wie wir diese so sehnlich erhoffte Beschleunigung erwirken können.

Das *Tun* der Gottesgebote; den Willen des Vaters im Himmel *tun*; seid *Täter*, nicht nur Hörer der Tora! Diese Gott-befohlene *Tatenlehre*, die die Hebräische Bibel und die Predigt Jesu wie ein roter Faden durchzieht, mag uns die Antwort auf das Problem der Parusieverzögerung liefern. Nicht um Selbsterlösung noch um menschliche Heilserwirkung kann es hier gehen, wohl aber – im Bereich der Gnade Gottes – um die menschliche Vorbereitung und Wegbereitung jenes Friedensreiches, das letzten Endes nur unser Vater im Himmel uns allen schenken kann.

Letzten Endes gipfelt die messianische Problematik in zwei Urfragen, die endlich offenmütig gestellt werden sollten:

Wenn der Messias schon gekommen ist, warum liegt die Welt

noch immer im argen? So fragen sich viele nachdenkliche Christen.

Warum ist die Erlösung in einer vermeintlich erlösten Welt so schwer zu erspüren und wahrzunehmen? Wenn diese Welt so sehr im argen liegt, warum kommt dann der Messias nicht? So fragen immer häufiger Juden, deren Heilsgeduld erschöpft ist. Was muß denn noch geschehen an Untaten und Massenmorden, um ihn endlich herbeizudrängen?

Die Antwort auf beide Fragen mag lauten: Die Vorbedingung der Erlösung ist die Bereitschaft aller gläubigen Menschen, vor einer gottentfremdeten Welt gemeinsames Zeugnis abzulegen von unserer tatkräftigen Hoffnung auf die messianische Endzeit. Für sie lohnt es sich zu beten, mitzuarbeiten und durchzuhalten, bis das Weltreich des Friedens endlich an uns alle kommt. Hiermit ist weder Synkretismus gemeint noch theologischer Chauvinismus, sondern eine aktive Ökumene auf das globale Ziel einer Weltversöhnung und Weltbefriedigung. Denn diese Humanisierung der Erde wurde vorerst durch Prophetenmund den Kindern Israel, dann allen gläubigen Monotheisten, aber auch allen Menschenkindern ausnahmslos in Aussicht gestellt.

Juden und Christen sind sich einig, daß ihre Religionen ohne die messianische Hoffnung nicht auszukommen vermögen – aber »eine Hoffnung, die man sieht, ist ja keine Hoffnung mehr«, wie Paulus betont, »denn wie kann man das erhoffen, was man schon vor Augen hat?« (Röm 8,24). Hier mag die große Kontroverse über die Auslegung der Messiaserwartung in der ökumenischen Einsicht ausmünden, die Jesus eindeutig umrissen hat: »Von jenem Tag oder der Stunde (der Erfüllung) weiß niemand, weder die Engel im Himmel noch der Sohn, sondern nur der Vater. Sehet zu, wachet! Denn ihr wißt nicht, wann die Zeit ist« (Mk 13,32–33). Und dann nochmals, nach Ostersonntag: »Es ist nicht eure Sache, Zeit und Stunde zu wissen, die nur der Vater nach seiner eigenen Vollmacht festgesetzt hat« (Apg 1,7).

In der jüdischen Überlieferung faßt Maimonides die rabbinische Ansicht zusammen: Möge keiner von uns versuchen, die Endzeit zu berechnen, die im Bereich der Souveränität Gottes bleibt. Vielmehr sollen wir an den Messias glauben, seiner Ankunft durch Taten den Weg ebnen und um ihn beten! Mit den Worten der Chassidim: »Gutes tun sollst du, als gäbe es keinen Gott und alles hinge von dir ab – und zugleich beten sollst du, in der Überzeugung, daß alles von Gott abhängt.« Wenn einer da einwirft, daß er viel zu gering sei, um durch seine Taten dem Rad der Geschichte in die Speichen zu greifen, so antworte man ihm: »Zu jeder Zeit soll jeder Mensch die Welt so ansehen, als wäre sie zur Hälfte gerecht und zur anderen Hälfte schuldig. Und diese eine Tat, die du in diesem Augenblick zu tun dich anschickst, sie gibt den Ausschlag, ob die Welt gerecht oder schuldig gesprochen wird. Auf dich und deine Tat oder Unterlassung jetzt und hier kommt alles an.«

Wann kommt er denn endlich?! – Das jüdische Schrifttum aller Epochen, über die synagogale Dichtung und Bibelexegese bis zu den Werken der Mystiker und der Religionsphilosophen spiegelt immer wieder das nie endende Fragen nach dem Erlöser wider. Ein so Drängendes wohnt ihm inne, daß das Bollwerk der rabbinischen Mahnung, die Endzeit nicht zu berechnen und ihn in tätiger und gläubiger Geduld zu erwarten, oft zusammenzubrechen drohte.

Auf ratlose Fragen kommt häufig Antwort aus der Bibel. In ihr merkt man auf Anhieb, daß beide Testamente mit eindeutigen Heilsverheißungen schließen: »Siehe, ich sende euch den Propheten Elia, ehe der große und furchtbare Tag des Herrn anbricht.« So schließt Maleachi (3,23) sein großes Zukunftbild. »Der dies bezeugt, spricht: Ja, ich komme bald! Amen, ja, komm, Herr Jesus!« (Offb 22,20) So schließt die Offenbarung des Johannes von Patmos.

Doch Juden und Christen warten noch immer, denn weder Elia noch Jesus sind zurückgekommen. Beide waren zwar schon einmal da und haben zahllose ihrer Zeitgenossen – und die Nachwelt – mit ihrer intensiven Gottesliebe und ihrem Erlösungseifer angesteckt, aber die verheißene Erfüllung, die mit ihrer zweiten Ankunft verbunden wird, steht noch immer aus. So kann also heutzutage von Naherwartung kaum noch die Rede sein, denn niemand hält ein tagtägliches Entgegenfiebern auf den Messias auf die Dauer aus. Und da weder das Jüngste Gericht noch die Neuschöpfung der Welt bis heute eingetroffen sind, haben sich Synagoge und Kirche auf eine Revision ihrer Endzeiterwartung eingelassen.

Im Judentum wie im Christentum ist es zu einer Vielfalt verschiedentlicher Messiaserwartungen gekommen, deren Anhänger häufig miteinander konkurrieren und einander zu missionieren versuchen. So zum Beispiel hat die jüdische Reformbewegung ein unscharfes, eher auf den Ethos der Propheten beruhendes Messiasbild, ohne auf die talmudischen Details zurückzugreifen. Die jüdische Orthodoxie hingegen hält fest an der traditionellen Überzeugung, daß der Dritte Tempel (nach zwei Tempelzerstörungen anno 586 v. Chr. und 70 n. Chr.) durch den Messias selbst dereinst errichtet werden wird. Dank dieser Stellungnahme kam und kommt es in Jerusalem zu keinem jüdischen Neuaufbau des Tempels – eine Zurückhaltung, die viele Kontroversen und weiteres Blutvergießen vermeidet.

Kirche und Synagoge haben sich im allgemeinen zu geduldig irdischen Institutionen weiterentwickelt, die längst ihren Frieden mit dieser Welt, so wie sie ist, geschlossen haben, um ihre Liturgien auf eine gemäßigte Fern-Erwartung umzustimmen: *Dein Reich komme!* Diese Fürbitte finden wir sowohl im VATERUNSER als auch im jüdischen KADDISCH-Gebet. Oder ist auch sie zum eschatologischen Lippendienst geschrumpft? Das darf doch nicht sein, wenn wir das Herzstück unseres Glaubens nicht verleugnen wollen! Sollte uns die Parusie-Verzögerung, die inzwischen chronisch geworden ist, nicht zum theologischen Nachdenken bewegen?

Ein Wink mit dem Zaunpfahl in dieser Richtung kommt von der französischen Bischofskonferenz, in deren Erklärung über die Haltung der Christen zum Judentum vom 16. April 1973 es dort heißt: »Wenn auch Juden und Christen ihre Berufung auf verschiedenen Wegen erfüllen, so zeigt uns doch die Geschichte, daß sich ihre Wegs stets kreuzen. Sind nicht die messianischen Zeiten Gegenstand ihres gemeinsamen Anliegens? So muß man dann wünschen, daß sie sich endlich auf den Weg der gegenseitigen Anerkennung und des gegenseitigen Verstehens begeben, daß sie ihre alte Feindschaft von sich weisen und sich dem Vater zuwenden mit einem Elan der Hoffnung, der eine Verheißung für die ganze Welt sein wird.« Kurzum: die Feindschaft soll durch Anerkennung ersetzt werden, zu der ein brüderliches Gespräch über Messiasfragen den Weg ebnen möge.

»Heute«

»So kommt denn und laßt uns miteinander rechten!« (Jes 1,18) Dem reuigen Oberzöllner Zachäus, der Umkehr tut und unrechtmäßig gerafftes Geld zurückerstatten will, sagt Jesus: »*Heute* ist diesem Haus Heil widerfahren, weil auch er ein Sohn Abrahams ist« (Lk 19,9). Immer wieder bedient Jesus sich dieses hautnahen Wortes »Heute«, um zu betonen: Die Stunde ist da; die Zeit ist gekommen; genaht ist das Himmelreich – bis hinauf aufs Kreuz, wo er dem »guten Schächer« sagt: »*Heute* wirst du mit mir im Paradies sein!« (Lk 23,43). Hat Jesus sich in seiner kompromißlosen Hoffnung, die nur das »Heute« der ewigen Gegenwart anerkennt, getäuscht? Oder hatte er, der »ohne Gleichnisse nicht zu ihnen redete« (Mt 13,35), mehr zu sagen, als der schlichte Wortsinn zu übermitteln vermag?

Daß diesem »Heute« auch eine biblische Tiefendimension innewohnt, bezeugt eine berühmte Erzählung aus dem Talmud: »Rabbi Jehoschua, Levis Sohn, fand einst Elia, den Propheten, am Eingang der Grabhöhle von Rabbi Schimon, Jochais Sohn, stehen (...) Er fragte ihn: Wann kommt der Messias? Er sagte zu ihm: Geh und frage ihn selbst! Und wo sitzt er? Vor den Toren Roms, war die Antwort. Und was ist sein Erkennungszeichen? fragte er weiter. Er sitzt dort unter den Armen, die mit

Krankheiten beladen sind. Sie alle lösen und binden ihre Verbände auf einmal; nur er löst sie einzeln und bindet sie einzeln, denn er sagt sich: Vielleicht werde ich verlangt; dann will ich nicht aufgehalten werden. Rabbi Jehoschua ging zu ihm hin und sagte zu ihm: Friede sei mit dir, mein Meister und mein Lehrer (...) Wann kommst du, Herr? Er antwortete ihm: *HEUTE*! Der Rabbi kam zurück zu Elia, der ihn fragte: Was hat er zu Dir gesagt? (...) Er antwortete ihm: Belogen und betrogen hat er mich; hat er doch zu mir gesagt: *HEUTE* komme ich! Aber er ist nicht gekommen. Da sagte Elia zu ihm: Dies wollte er dir (mit Psalm 95,7) sagen: *HEUTE*, wenn ihr auf seine Stimme hört« (Sanh 98a).

Dieses Psalmwort ist ebenso das Leitmotiv im dritten Kapitel des Hebräerbriefes, der die Verzagten aufrichten und die Hoffnungslosen neu beseelen will: »Darum beachtet, was die Schrift sagt«, so heißt es dann: »*Heute*, wenn ihr Gottes Stimme hört, verhärtet eure Herzen nicht, (...) Sehet zu, Brüder, daß nicht einem von euch ein ungläubiges Herz abfalle vom lebendigen Gott. Vielmehr, ermahnet einander Tag für Tag, so lange es noch *heute* heißt!« (Hebr 3,7–15) Nachdem der Hebräerbrief eindringlich schildert, wie alle Ungläubigen und Ungehorsamen umgekommen sind, wiederholt sein Autor das Wort des Königs David: »Heute – wenn ihr seine Stimme hört, so verhärtet eure Herzen nicht!« (Hebr 4,7).

Des Rätsels Lösung liegt nun dreifach belegt auf der Hand. Die Erlösung hat schon längst begonnen – darin stimmen Rabbiner mit Bischöfen überein. Die Vollerlösung jedoch liegt weder in der Vergangenheit noch in der Zukunft, sondern im ewigen *Heute* der Bewährung. Denn ob der Messias kommt, hängt letztlich von uns allen ab. Die Anwartschaft auf das Endheil will gewonnen und erarbeitet werden: durch Treue zum Gotteswort, im Glauben und im bibelbewußten Tun.

Weder David noch Jesus haben uns betrogen. Wir und unsere Vorfahren hatten bloß keine Ohren, um richtig hinzuhören. Das *Heute* der Erlösung ist nämlich kein billiges Gnadengeschenk, das den Heilsbesitz verbrieft; es ist ein *Heute-Wenn*:

Ein Konditional-Präsens, eine bedingte Unmittelbarkeit, die mit mahnendem Finger auf uns zeigt, um uns zu sagen: Gott ist schon längst bereit; wir aber verschieben tagtäglich das Heil auf Morgen (Apg 3,19–26). So wie Gott alltäglich das Werk seiner Schöpfung erneuert, so ist jedes Heute ein Unterpfand und ein Angeld auf die morgige Heilsfülle, die, wie jeder Tag im jüdischen Kalender, bereits am Vorabend anbricht. Das Heil ist präsent, aber nur keimhaft. Das Reich ist im Kommen, wenn auch nur proleptisch. Die Heilszeit ist jetzt, aber nur anfänglich.

In diesem zutiefst hebräischen Zeitverständnis schrumpft das Heute zu einem Nadelöhr, durch das der Faden der Verheißung den Stoff der künftigen Erfüllung webt; eine Zukunft, die heute, nur heute beginnen kann. Sie ist im ewigen Heute der Hoffnung, in dem das Schon-Da und das Noch-Nicht der messianischen Erlösung einander in fruchtbarer Spannung ergänzen. Angesichts dieser »ewigen Heutigkeit« der Erlösung, erübrigt sich da nicht jedwede wie immer geartete christliche Judenmission? Die Kirchen täten gut daran, das Wort von Franz Rosenzweig aufzunehmen, das der große jüdische Religionsphilosoph in den zwanziger Jahren dieses Jahrhunderts in Frankfurt/M. prägte: »Ob Jesus der Messias war, wird sich ausweisen, wenn – der Messias kommt.« Und da das Wort Parusie auf griechisch nicht »Wiederkunft« bedeutet, sondern *ANKUNFT*, und diese Welt noch unerlöst ist, wird sich bei der ersehnten Ankunft des Messias dereinst die alte Streitfrage klären, ob er schon einmal da war oder nicht.

Die gesamte Thematik der Messiasfragen ist kein abstrakter Theologenstreit, sondern eine profunde Glaubensüberzeugung, für die viele Menschen in unserer Zeit – Juden, Christen und Moslems – zu kämpfen und zu sterben bereit sind.

Eine populäre Form der religiösen Reaktion auf die Herausforderungen der Moderne besteht in allen drei Zweigen des Monotheismus in einem Rückzug aus der zeitgenössischen Welt. Hier melden sich vor allem die konservativen Kreise im Judentum, im Christentum und im Islam zu Wort. Für sie ist der Maßstab für Übermorgen die Wertskala von Vorgestern, und Fortschritt gilt für sie wie ein Schritt fort vom Willen Gottes.

Ihnen nahe steht der alt-neue Fundamentalismus in allen Religionen, der zwar keine eigene ausgebildete Lehre hat, wohl aber die eigene Auslegung seiner Schrift zur einzig seligmachenden Wahrheit macht, nur um alle Andersgläubigen lautstark zu verketzern und letztlich die eigene Unfehlbarkeit zum selbstgefälligen Dogma zu erheben. Jesus hat zwar gesagt: »In meines Vaters Haus sind viele Wohnungen« (Joh 14,2), die Fundamentalisten aller Konfessionen jedoch kennen nur einen, den ihrigen Weg zu Gott, bei dem es nur eine einzige Wohnung geben darf: ihr Monopolparadies. Auf diesen Weg würden sie gerne alle anderen »Fehlgeleiteten und Irrgläubigen« zu gehen zwingen, auch wenn dies mit Blut und Tränen verbunden ist.

Wann der Erlöser kommt, wer er sein wird, wen er erlösen wird, wer verdammt wird und zur Hölle gehen muß und was der Lohn der Erlösten sein wird – das sind die Fragen, die im Zentrum der fundamentalistischen Kontroverse stehen, um deretwillen so manche von ihren Verfechtern bereit sind, die Welt in Brand zu setzen.

Kaum eine andere Frage hat je mehr religiösen Zündstoff für Fanatiker, Fundamentalisten und Frömmler geliefert.

Die Messiasfragen gehen daher auch Ungläubige und Nichtmehr-Gläubige an, die in messianischen Unruhen und Kriegen in Mitleidenschaft gezogen werden können, von Irland über Iran bis nach Jerusalem.

Ich glaube doch!

Die uralte Tradition der jüdischen Mystiker besagt: Drei Fragen werden im Jüngsten Gericht an jeden Menschen gestellt:
Bist du in Treue mit deinem Nächsten umgegangen?
Hast du über die Tora nachgedacht und diskutiert?
Hast du täglich Ausschau gehalten nach dem Erlöser?
Und wie die Nächstenliebe und die Tora-Treue immer auch ein Tun sind, so ist das Ausschauen nach der Erlösung gleichbedeutend mit: Arbeiten dafür, daß sie bald komme.
Was solche Ausschau bedeutet, »mit deiner ganzen Seele«, wie es heißt, bezeugt jener unbekannte Jude, der inmitten des Infernos des Völkermordes auf eine Wand im belagerten Warschauer Ghetto kritzeln konnte:

»Ich glaub', ich glaub', ich glaube,
ehrlich, unerschütterlich und fromm,
daß der Messias komm'.
An den Messias glaube ich,
und wenn er auf sich warten läßt,
glaub' ich darum nicht weniger fest,
selbst wenn er länger zögert noch,
an den Messias glaub' ich doch,
ich glaub', ich glaub', ich glaube.«

Sowohl Juden wie Christen leben auf Hoffnung; sie pilgern derselben messianischen Erlösung entgegen und bauen auf ein und dieselbe Gnadenliebe Gottes, die unserem Dasein Sinn und Bedeutsamkeit verleiht. Auf dieser dreifachen Schicksalsverbundenheit beruht unsere felsenfeste Zuversicht auf die baldige Ankunft des Messias, wer immer er auch sein wird. Wer da noch, unbeschadet aller bestehenden Unterschiede, ungeduldig fragen will, warum denn der Messias nicht komme, der muß sich die vorwurfsvolle Antwort des Rabbis Mendel von Kossow gefallen lassen, die er einst seinen Schülern gab: »Weil wir heute noch immer sind, wie wir gestern waren.«

Auf russisch und englisch, auf spanisch, französisch und chinesisch steht sie eingemeißelt in goldenen Lettern hoch über dem Portal der Vereinten Nationen in New York: Die älteste Friedensvision der Menschheit. Sie stammt zwar aus dem achten vorchristlichen Jahrhundert, spricht aber von unserem messianischen Anliegen in unglaublicher Unmittelbarkeit, wenn man sie nur richtig zu lesen weiß:

»Das ist das Wort, das Jesaja gehört hat: In kommenden Tagen wird es geschehen. Fest gegründet steht der Berg mit dem Haus des Herrn und überragt alle Hügel. Zu ihm strömen alle Völker und sagen: Kommt, wir ziehen hinauf (…) zum Haus des Gottes Jakobs (…) auf daß er uns seine Wege lehre und wir auf seinen Pfaden wandeln (…) Er schlichtet den Streit der Völker und weist die Nationen zurecht. Dann schmieden sie ihre Schwerter zu Pflugscharen um, und aus ihren Speerspitzen machen sie Winzermesser. Kein Volk wird gegen das andere das Schwert erheben noch lernen sie das Kriegshandwerk mehr« (Jes 2,2–5).

Da die Vision vom Umschmieden der Waffen wie pure Poesie klingt, die zwar melodisch von der Zunge rollt, aber zu nichts Realem zu verpflichten scheint, haben sie sogar die Vereinten Nationen zu ihrem hochtrabenden Leitspruch erhoben, doch hier irren die Politiker.

Was Jesaia hier verlangt, ist weder rhetorische Stilblüte noch der Flug der freien Phantasie, sondern gehörte schon zu seiner Zeit zur *machbaren* Realität im alten Israel als Wegbereitung zur messianischen Endzeit. In jenen Tagen der späten Eisenzeit pflegten nämlich die Bauern in Judäa eine Eisenspitze auf ihren Holzpflug zu stülpen, um ihre Felder zu bebauen. Da aber Eisen damals sehr kostbar war, waren die Landsleute Jesaias zu Kriegszeiten gezwungen, dasselbe Eisenstück von ihrem Pflug abzunehmen und auf einem Holzspieß festzumachen, um es zur Waffe umzufunktionieren.

Der Prophet verschweigt also die Realität des Krieges keineswegs, noch begnügt er sich mit einem utopischen »Seid umschlungen, Millionen!« Er weist vielmehr sachlich und nüchtern auf die Machbarkeit einer Abrüstung und Entfeindung hin, dem das Umschmieden der Mordgeräte in Werkzeuge des Broterwerbs den Weg ebnen soll – genau wie die Bauern in Judäa es einst taten, sobald der Krieg vorüber war, indem sie die Speerspitze wieder zur Pflugschar oder zum Winzermesser verwandelten.

Als Realist geht Jesaia davon aus, daß die Völker dieser Welt einander nur allzuoft blutig bekämpfen, doch Gott hat andere Wege, um ihren Streit zu schlichten. Da er aber ein Gott der Freiheit ist, der niemandem sein Heil aufdrängt, eröffnet er uns seine messianische Alternative zur kriegerischen Selbstzerfleischung:

Das Ende aller Kriege ist durchaus möglich, so heißt es, aber die Vorbedingung liegt in unserer Bereitschaft, seine Gebote anzunehmen, um zu seinen Wegen umzukehren. Was haargenau dem Jesuswort entspricht, der »gekommen ist, nicht um die Weisungen Gottes außer Kraft zu setzen«, wie er mit Nachdruck betont, »sondern um ihnen volle Geltung zu verschaffen« (Mt 5,17f.). Kurzum: an uns allen liegt es, mit unermüdlicher Geduld und Tatkräftigkeit zur Ankunft jener messianischen Zeit beizutragen und füreinander einzustehen überall auf dieser Erde.

Wenn wir's nicht tun, dann fällt der Friedenssame auf den Wegrand und verdorrt. Wenn wir nicht konkret mit der vorgelebten Entfeindungsliebe beginnen, dann wird die Feindschaft weiter wuchern. Wenn wir nicht bald mit der Verständigung-von-Unten anfangen, mit dem Dialog, dem Trialog und dem Multilog unter allen Religionen, Ideologien und Überzeugungen, mit dem Abbau von Feindbildern und Vorurteilen, mit dem Akzeptieren des Andersseins unserer Gesprächspartner und ihrer Heilslehren und der Einsicht, daß keiner von uns die *ganze Wahrheit* oder den *einzigen Zugang* zu ihr besitzt – hier und heute noch, zu Hause, bei der Arbeit und in jedem Dorf und in jeder Stadt, dann werden so manche Machthaber weiterhin ihre Pflugscharen zu Schwertern umschmieden, wie es bei Joel (4,10) so erschütternd heißt – und das *Experiment Mensch* mag mit einem letzten »Urknall« zu Ende gehen. Wovor uns Gott gnädig behüten mag.

Pinchas Lapide

Taschenbücher in »GTB Siebenstern«:

Er predigte in ihren Synagogen
Jüdische Evangelienauslegung. 5. Auflage. 102 Seiten. (GTB 1400)

Ist das nicht Josephs Sohn?
Jesus im heutigen Judentum. 3. Auflage. 167 Seiten. (GTB 1408)

Er wandelte nicht auf dem Meer
Ein jüdischer Theologe liest die Evangelien. 2. Auflage. 126 Seiten.
(GTB 1410)

Am Scheitern hoffen lernen
112 Seiten. (GTB 1413)

Ist die Bibel richtig übersetzt?
2. Auflage. 144 Seiten. (GTB 1415)

Wer war schuld an Jesu Tod?
123 Seiten. (GTB 1419)

Glauben, wissen oder zweifeln?
96 Seiten. (GTB 1420)

Gütersloher Verlagshaus Gerd Mohn

GTB Siebenstern

Herbert Braun
Jesus – der Mann aus Nazareth und seine Zeit
5. Auflage. Um zwölf Kapitel erweiterte Ausgabe. 272 Seiten.
(GTB 1422)

Martin Koestler
Stirbt Jesus am Christentum?
Ein Plädoyer für die ursprüngliche Verkündigung Jesu. 192 Seiten.
(GTB 1417)

Anton Mayer
Der zensierte Jesus
Soziologie des Neuen Testaments. Mit einem Geleitwort von
Norbert Greinacher. 320 Seiten. Originalausgabe. (GTB 1412)

Horst Georg Pöhlmann
Wer war Jesus von Nazareth?
6., völlig überarbeitete und erweiterte Neuauflage. 144 Seiten mit
Abbildungen. (GTB 1423)

Gütersloher Verlagshaus Gerd Mohn

Janusz Korczak

Allein mit Gott

Gebete eines Menschen, der nicht betet. Aus dem Polnischen übersetzt von Wolfgang Grycz. Mit einem Nachwort von Erich Dauzenroth und Adolf Hampel. 3. Auflage. 88 Seiten. (GTB 1004)

Verteidigt die Kinder!

Mit einem Vorwort von Erich Dauzenroth und Adolf Hampel. Aus dem Polnischen übersetzt von Wolfgang Grycz und Ilse Renate Wompel. 3. Auflage. 143 Seiten. (GTB 1020)

Erich Dauzenroth
Ein Leben für Kinder

Janusz Korczak. Leben und Werk. 2. Auflage. 96 Seiten mit 16 Abbildungen. (GTB 1042)

Die Kinder der Bibel

Aus dem Hebräischen übersetzt von Shoshana Sachs. Mit einem Nachwort von Erich Dauzenroth und Adolf Hampel. 2. Auflage. 78 Seiten. (GTB 1044)

Von Kindern und anderen Vorbildern

Mit einem Vorwort von Peter Härtling und einer Einleitung von Erich Dauzenroth und Adolf Hampel. Aus dem Polnischen übersetzt von Barbara Bayer-Faber und Ilse Renate Wompel. 140 Seiten. (GTB 1084)

Der kleine Prophet

Eingeleitet und herausgegeben von Erich Dauzenroth. Aus dem Polnischen übersetzt von Staś Nowak. Illustrationen von Meir Faszynk. 47 Seiten mit Abbildungen. (GTB 1101)

88-23

Gütersloher Verlagshaus Gerd Mohn